BRANCO, BRANQUITUDE, BRANQUIDADE

CIP-BRASIL. CATALOGAÇÃO NA PUBLICAÇÃO
SINDICATO NACIONAL DOS EDITORES DE LIVROS, RJ

B813

Branco, branquitude, branquidade / organização Lourenço Cardoso.
- 1. ed. - São Paulo : Selo Negro, 2025.
176 p. (África, presente! Negritude e luta antirracista ; 4)

Inclui bibliografia
ISBN 978-85-8455-019-7

1. Negros - Brasil. 2. Racismo - Brasil. 3. Brasil - Relações raciais. 4. Discriminação racial. 5. Brancos - Brasil. I. Cardoso, Lourenço. II. Título. III. Série.

25-100502.1 CDD: 305.896081
CDU: 316.647.82(599.23)(81)

Carla Rosa Martins Gonçalves - Bibliotecária - CRB-7/4782

www.selonegro.com.br

ÁFRICA, PRESENTE!
NEGRITUDE E LUTA ANTIRRACISTA

BRANCO, BRANQUITUDE, BRANQUIDADE

Organização:
Lourenço Cardoso

SELO NEGRO EDIÇÕES

Editora executiva: **Soraia Bini Cury**
Preparação: **Samara dos Santos Reis**
Revisão: **Marina Vitale**
Capa e projeto gráfico: **José Rodolfo Arantes**
Diagramação: **Natalia Aranda**

Selo Negro Edições
Departamento editorial
Rua Itapicuru, 613 – 7º andar
05006-000 – São Paulo – SP
Fone: (11) 3872-3322
http://www.selonegro.com.br
e-mail: selonegro@selonegro.com.br

Atendimento ao consumidor
Summus Editorial
Fone: (11) 3865-9890

Vendas por atacado
Fone: (11) 3873-8638
e-mail: vendas@summus.com.br

Impresso no Brasil

Sumário

Apresentação da coleção

A **Coleção África, presente! Negritude e luta antirracista** nasce do esforço sincero, do desprendimento e da humildade de intelectuais, estudiosos, pesquisadores e professores de diversas universidades e instituições de pesquisa científica e de ensino universitário do Brasil e do exterior. A meta é problematizar, ampliar, aprofundar, construir diálogos e produzir um maior conhecimento científico sobre séculos de história, contando para isso com autores oriundos de inúmeras e variadas comunidades étnicas e culturas presentes no Brasil e em outras regiões do planeta, especialmente no continente africano.

Inspirada na Coleção História Geral da África, trabalhada desde 1964 pela Organização das Nações Unidas para a Educação, a Ciência e a Cultura (Unesco), a presente coleção pretende ser um espaço de produção e divulgação do pensamento não hegemônico acerca de africanos, afro-brasileiros e indígenas, construindo assim novas categorias, outras metodologias, interpretações pioneiras, análises inéditas e conceitos autênticos da nossa realidade social.

Assim, visa legitimar o pensamento destituído de paradigmas, conceitos e metodologias euro-ocidentais e se contrapor a essas bases que tanto contribuíram para fomentar e aprofundar os racismos e suas vertentes mais funestas em todas as esferas da sociedade. É nosso objetivo também propiciar a reescrita da história dos povos escravizados — inclusive antes da chegada dos conquistadores europeus —, a fim de sistematizar os valores civilizatórios, as culturas e as formas de expressão dessa humanidade inegavelmente filha da África.

Problematizar o etnocentrismo presente na diversidade de instituições, teorias e métodos da ciência é um dos motes desta coleção, sobretudo porque boa parte do conhecimento que foi difundido e abrilhantou pessoas, instituições e agências do pensamento euro-ocidental foi aprisionada, sequestrada, pirateada, surrupiada e traficada, na maioria dos casos usurpada de forma violenta. Mais tarde, esse conhecimento se transformou em produtos patenteados em algumas poucas nações, autodenominadas desenvolvidas — as mesmas que vivenciaram por séculos a compra de corpos e de saberes de outros povos originários e de grupos étnico-raciais presentes na América, na Ásia, na Oceania, na Europa eslava e, em especial, na África.

Dessa forma, os autores desta coleção, individual e coletivamente — cada um a seu modo, mas com rigor acadêmico e científico —, estão construindo cultural e politicamente uma crítica à razão euro-ocidental e abrindo um canal epistêmico para a sistematização de uma contra-hegemonia de base negra-indígena, questionadora da ciência brancocêntrica euro-americana--ocidental. Assim, trata-se de uma fortaleza dinâmica que se projeta contra os racismos embasada na ciência, com teorias sustentáveis, evidências e inferências legítimas e análises fidedignas.

É importante desfazermos erros e pseudoverdades científicas que foram construídos por séculos a fim de suprimir corpos, subjugar povos e escravizar mentes com base no uso de uma ciência cujo objetivo principal sempre foi manipular fatos em prol da hegemonia de um pequeno grupo de pessoas, quase sempre brancas. Em suma, aqui reunimos o trabalho de pesquisadores e e intelectuais de diversas áreas e nacionalidades que se dedicam a construir uma nova identidade coletiva pautada nos valores civilizatórios das negritudes antigas e novas, bem como nas lutas antirracistas que têm sido protagonistas no continente africano e nas inúmeras Áfricas que estão em tantos corpos e mentes mundo afora.

Das imemoriais pinturas rupestres aos antigos escritos decodificados em papiros, pergaminhos, paredes de rochas e cavernas, nas pedras — como no caso da Pedra de Rosetta —, e as publicações científicas atuais, impressas e digitais, revelam como o conhecimento científico produzido em vastas regiões do planeta nos leva ao legado africano para toda a humanidade de ontem, de hoje e de amanhã. Ainda assim, muitos são os que desconhecem essa realidade, sobretudo por não terem tido a oportunidade de aprender essa verdade quando eram estudantes dos diversos níveis de ensino. Nem mesmo no continente africano crianças, jovens e adultos têm acesso a essas informações e a uma formação que forneça essa aprendizagem.

É importante salientar que se construiu ao longo de séculos uma invisibilidade e um silêncio sepulcral perante o conhecimento científico, tecnológico, cultural e filosófico africano. Tanto que as conquistas e contribuições de autores como Cheikh Anta Diop ainda são vistas como ousadas em pleno século XXI por apresentarem as ricas e vigorosas dinastias do Egito antigo — ou melhor, as civilizações que fizeram o grande império do Kemet florir em todo seu apogeu na África setentrional e que impactam até hoje o pensamento contemporâneo, atingindo em cheio a Europa, a Ásia, a Oceania e a América.

Talvez uma das formas mais emblemáticas para superar esse desconhecimento abissal sobre a centralidade africana no conhecimento humano seja justamente começarmos a repensar nossa condição social, psíquica e cultural de animal que fomos, somos e estamos, como já apontaram diversos cientistas — de Charles Darwin, com sua teoria da origem das espécies, em uma perspectiva evolucionista, a Edgar Morin, com seu método da complexidade. Há também os avanços tecnológicos e a certeza dessa verdade insofismável que nos foi dada pelos resultados colhidos em definitivo pelo Projeto Genoma e tornados públicos pelos pesquisadores James D. Watson, Felipe Fernández-Armesto e Luigi Luca Cavalli-Sforza, entre outros, sobre nossa monogenia — isto é, nossa origem comum africana.

Dagoberto José Fonseca

Apresentação deste volume

O volume 4 da **Coleção África, Presente!** visa ser um espaço de análise crítica e de aprofundamento teórico sobre o branco, sua identidade étnico-racial e sua expressão na sociedade contemporânea. As identidades étnico-raciais são sustentáculos de diversas distorções sociais, econômicas, políticas, jurídicas e culturais. Elas são mobilizadas por fatores materiais e abstratos, isto é, simbólicos. Este livro aprofunda, amplia e problematiza os fenômenos sociais, as histórias, os contextos, as análises, as interpretações, as explicações, as teorias e os conceitos que nos possibilitam compreender o que chamamos, no cenário brasileiro, de branquitude — principal campo de análise da maioria dos cientistas sociais deste livro.

Diante de tal complexidade, abordaremos os significados de termos e ideias como branquitude, branquidade, brancura, branco, branquitude crítica/acrítica, vantagem racial, raça e história, raça e subjetividade, raça e economia etc. Em linhas gerais, podemos dizer que o branco será problematizado de modo rigoroso, levando-se em conta suas relações cotidianas, além dos conflitos nas esferas de poder mais amplas relacionadas ao Estado burguês, brancocêntrico, capitalista, liberal, neoliberal.

Os autores deste volume nasceram e foram criados em diferentes partes do globo. Portanto, suas perspectivas são distintas, consensuais, ecléticas e opostas. Podem ser objetivas e subjetivas, marxistas e foucaultianas, decoloniais e anticoloniais, de epistemologia africana e europeia. Quais seriam as implicações geopolíticas da branquitude e da branquidade nos territórios ocidentais e não ocidentais?

No capítulo "Identidade branca antes do conceito de branquitude: escravidão e construção da raça branca no Brasil", o pesquisador Marcus Vinicius de Freitas Rosa encara o desafio de pensar a branquitude antes que o conceito fosse cunhado. No Brasil, a partir de 2010, iniciamos um trabalho contínuo e consistente a respeito da identidade branca. Estamos cientes de que Guerreiro Ramos propôs tal tarefa em meados de 1957 e Cida Bento reabriu o debate sobre o tema em 2002. Todavia, cientificamente, tal produção contabiliza menos de duas décadas. A branquitude serve para questionar o conceito branco de forma óbvia, o que tem ocorrido. No entanto, nosso desafio é pensar a ideia de identidade branca ao longo da história. Existe o risco do anacronismo, como Marcus nos alerta; porém, sua empreitada mostrou-se complexa, mas bem-sucedida.

No texto "Supremacia à brasileira", Lia Vainer Schucman e Willamys da Costa Melo tratam de um tema mais comum na cultura estadunidense. Os pesquisadores criticam, com vigor, a construção sociorracial que favorece o branco ao mesmo tempo que é danosa ao negro em virtude de nossas origens étnico-raciais. As ideias de supremacia racial e de meritocracia são eficazmente demolidas. Em seguida, os autores explicam o conceito de supremacia racial à brasileira, fenômeno distinto do que ocorre em outros países.

No artigo "Branquitude e descolonização na África do Sul depois do *apartheid*", Lucy Valerie Graham examina esse contexto específico. Por ter nascido na África do Sul, as bases de sua análise estão mais relacionadas à literatura científica anglo-saxã sobre raça do que à literatura científica brasileira. São realidades diferentes, mas se encontram quando se fala em desigualdade social atrelada à raça. É preciso considerar que os negros sul-africanos conquistaram a presidência da República após o fim do *apartheid*. Porém, o contexto de pobreza em que vivem — com problemas como moradia precária e insegurança alimentar — lembra a situação dos negros e dos brancos empobrecidos, brasileiros, bem como dos povos originários.

Por fim, cabe dizer que, na África do Sul, o negro não necessita ser negro: pode reivindicar as múltiplas identidades étnicas da "nação arco-íris". Já o branco sul-africano, como minoria quantitativa, não tem como escapar da racialidade, ou melhor, da branquitude.

No capítulo "Cientistas negras(os) e brancas(os) nas encruzilhadas: sujeitos e objetos políticos e científicos", Cintia Cardoso e Franciéle Gracês analisam e criticam a produção de conhecimento no ambiente acadêmico. Atuando no campo da educação e da ciência da informação, as autoras defendem a ideia de que apenas as pessoas brancas são de fato legitimadas como cientistas, sejam homens ou mulheres. Apenas elas seriam capazes de produzir conhecimento de qualidade e superar os saberes metafísicos e do senso comum.

As autoras criticam as universidades, que pouco têm contribuído para mudar essa situação. Um problema fundamental seriam os currículos monoepistêmicos e brancocêntricos oferecidos nos cursos. Aliás, a academia é justamente isto: criadora e criatura desse contexto. Porém, a questão não deixa de ser dialética: a expectativa de uma mudança para melhor surgiu com a entrada de cientistas negras e negros nos espaços acadêmicos e, também, com o aumento do número de vagas para estudantes negros, brancos, indígenas e quilombolas, das comunidades e periferias dos centros urbanos e rurais.

No texto "O branco aliado e a morte da dialética: análise crítica sociológica, econômica e subjetiva fanoniana numa perspectiva integral", procuro fazer uma análise integral da raça. Ao pensar o branco aliado, para desviar das armadilhas éticas, morais e metafísicas, trilhei a análise econômica numa perspectiva teórica fanoniana-marxista. Também realizei uma abordagem geopolítica que mostra a relação entre o Canal de Suez e a raça, por exemplo.

Além disso, teço minha crítica às abordagens subjetivas foucaultianas, referencial teórico implícito ou explícito muito popular nas produções teóricas a respeito da identidade branca. No texto, faço uso da subjetividade fanoniana apenas para colaborar objetivamente com a crítica da sociedade capitalista, burguesa, liberal e brancocêntrica. Logo, não se trata de um fim em si mesmo, pedagógico, jurídico, salvacionista ou numa perspectiva pós-moderna.

Em "O branco dissimulado: um sujeito desracializado em uma sociedade racista", Maria Isabel Donabella retoma os conceitos, cunhados por mim entre 2003 e 2008, de branquitude crítica, branquitude acrítica e branquitude dissimulada. Em meados de 2021, Isabel, que é branca, com sua pesquisa de campo e base teórica segura, propõe o conceito de branquitude crítica dissimulada. Ela reinventa o conceito da branquitude crítica, trazendo-o para o campo da educação e além dela. A autora pensa a nossa realidade social a partir dos anos 2020, muito distinta da de 2003, por exemplo. Sua abordagem é eficaz e desvela ações da branquitude que muitos brancos optam por esconder ou dissimular. Tal capítulo também é muito importante para quem se interessa por metodologia científica.

Em um texto muito ambicioso, intitulado "Descolonização das ciências sociais no Brasil: da branquitude às resistências culturais e epistemológicas", a pesquisadora Julie Lourau, tomando como base teórica marcante o decolonialismo (alguns poderiam dizer pós-colonialismo), acaba por tratar da descolonização das ciências sociais do Brasil. Sua atenção esteve em três campos: Brasil, França e África do Sul. Trata-se de um capítulo teórico-metodológico e autorreflexivo. Lourau, uma francesa que mora em Salvador há muitos anos, optou por enfocar o cenário brasileiro, versando sobre a questão do negro-tema e a ideia de direitos culturais.

Todavia, o conceito de branquitude leva os brancos a olharem para si e, assim, colabora com sua autocrítica, sua luta pessoal antirracista e seu propósito de descolonizar as ciências sociais — o que fica explícito no capítulo em tela. Ao mesmo tempo, à medida que se aprofunda nos estudos sobre a identidade branca, a autora realiza a própria descolonização de si no que diz respeito ao mundo racial-racista que o homem branco ocidental inventou.

No capítulo "Tonalidades de branquitude numa trajetória acadêmica: descobertas e vivências", o pesquisador italiano Paride Bollettin elabora um texto antropológico-subjetivo. O autor, que estuda os povos indígenas e ensina sobre eles, analisa sua vivência como branco estrangeiro no Brasil. Como tal, ele é visto, pelos brasileiros em geral e pelos indígenas em particular, como pertencente à cultura brancocêntrica. Seu capítulo nos remete aos estudos sobre a identidade branca de tradição estadunidense, que fazia muito uso das fontes autobiográficas.

Para finalizar, novamente convido os leitores a saborearem este livro escrito por intelectuais notáveis e inspiradores que têm o branco como tema, a branquitude como sistema e a branquidade como emblema. Trata-se de olhares, análises, interpretações e explicações contundentes sobre as realidades daqui e dali, mas todas focadas nas relações étnico-raciais presentes em diversos territórios.

Lourenço Cardoso

1. Identidade branca antes do conceito de branquitude: escravidão e construção da raça branca no Brasil

Marcus Vinicius de Freitas Rosa

Nas ciências humanas, é bastante comum o debate filosófico e epistemológico sobre as relações estabelecidas entre consciência e realidade. Já há muito tempo, inúmeros pensadores se dedicam ao assunto e questionam: afinal, a realidade determina a consciência ou seria o contrário? Muitas foram as respostas formuladas, nenhuma delas definitiva nem totalmente satisfatória — com exceção, talvez, daquelas perspectivas que admitiram a interação recíproca e constante entre o mundo das ideias e o mundo externo à consciência, bem como a sua indissociabilidade. Aplicado às ciências sociais e, sobretudo, ao campo de conhecimento histórico, esse debate permite refletir sobre a forma como sociólogos, antropólogos e sobretudo historiadores costumam olhar para o passado e construir conceitualmente os seus objetos de estudo. Com frequência, a elaboração de novos conceitos tende a ser acompanhada pela descoberta de novos temas de pesquisa.

Durante muito tempo, sobretudo a partir de meados do século 20, quando surgiram no Brasil os chamados estudos sobre "relações raciais", os negros foram tomados ora como "objetos" e "temas" de análise, ora como "questão" e "problema" a ser resolvidos. Além disso, homens e mulheres "de cor" foram muito mais investigados como escravizados do que como pessoas livres. Grosso modo, foi assim que pretos, pardos, mulatos e negros em geral acabaram sendo inventados na consciência dos pesquisadores brancos: objetos, temas, questão, problema, cativos.

Apesar de o campo de estudos que consolidou esse procedimento epistemológico chamar-se *relações* raciais, durante muito tempo foram raríssimas as reflexões sobre o outro lado dessas interações. Ou seja, falava-se em "relações", mas olhava-se para os negros. Na consciência da maioria dos pesquisadores (que eram brancos), os brancos simplesmente não existiam como assunto legítimo a ser investigado ou problema a ser resolvido. Em síntese: os brancos pareciam invisíveis para si mesmos, embora jamais tenham sido invisíveis para os negros.

Quando os pesquisadores brancos não estavam olhando para os negros por meio do conceito de raça, olhavam para os indígenas por meio do conceito de etnia. Assim, raça e etnia, compreendidas separadamente, foram os instrumentos metodológicos que trouxeram negros e indígenas à existência nos estudos e na consciência dos cientistas sociais. Parecia não haver um arcabouço conceitual capaz de fazer emergir as identidades raciais brancas nas pesquisas sobre relações raciais, apesar de todo e qualquer grupo social (seja étnico ou racial) jamais se constituir por si mesmo, mas por meio das relações sociais conflituosas ou solidárias, hierarquizantes e distintivas — e por meio da atribuição de significados para si e para os outros, capazes de demarcar as suas fronteiras. Ao não olhar para os brancos, não se levava ao limite o aspecto relacional do processo de construção de identidades raciais.

Até hoje inexistem no Brasil estudos e estudiosos dispostos a investigar, por exemplo, a consciência racial dos senhores de escravos: sendo majoritariamente brancos, que consciência tinham eles a respeito de sua própria brancura? Mesmo que o campo de estudos das relações raciais tenha sido construído sobre uma concepção binária, restrita às interações entre negros e brancos (ou entre escravizados e senhores), nem assim o interesse dos cientistas sociais em geral, e dos historiadores em particular, se voltou para o lugar político ocupado pelos brancos no amplo conjunto de relações de poder que molda a estrutura social brasileira. A perspectiva relacional, inerente ao conceito de raça e de racismo, nunca foi explorada em todas as suas possibilidades.

Partindo dessas e de outras reflexões, o tema central deste capítulo é a identidade racial branca antes da construção epistemológica do conceito de branquitude, uma poderosa categoria de análise histórica bastante nova (distinta do velho "branqueamento") que não nos deixa esquecer que os historiadores efetivamente constroem seus próprios objetos de pesquisa.

Em outras palavras, nas linhas seguintes, pretendo me debruçar sobre a pré-história da branquitude, a fim de descobrir os significados raciais atribuídos à identidade branca, em diálogo com estudos sobre escravidão, liberdade, construção social da raça, incluindo as pesquisas recentes sobre branquitude. Agora que tal conceito está disponível como ferramenta analítica, já não há desculpas aceitáveis para que nossa consciência histórica continue cega diante dos brancos do passado (e do presente).

O problema histórico que buscarei responder ao longo de minha análise é o seguinte: afinal, o que significava ser branco ao longo dos séculos de vigência da escravidão no Brasil? Entretanto, para esboçar respostas a essa pergunta, convém deslocar o foco de análise muitas vezes, no tempo e no espaço, pois as identidades brancas se gestaram de maneira lenta, em contextos diversos, nas relações estabelecidas entre povos oriundos da Europa, da América e da África. Por certo, as respostas possíveis para a questão proposta nos ajudarão a compreender o que significa ser branco no Brasil do século 21.

O Brasil escravista constituía uma sociedade em que as posições ocupadas nas hierarquias sociais eram definidas com base em parâmetros múltiplos, complexos e simultâneos: cor, sangue, religião, ocupação, origem geográfica, origem social, ancestralidade, estatuto jurídico, honra, qualidades e virtudes eram fundamentais para determinar a inserção. Tratava-se de uma estrutura social definida pelo cruzamento de todos esses critérios e que, ainda assim, favorecia muito mais os brancos.

De saída, convém lembrar que, no século 15, antes da descoberta da América, portugueses e espanhóis (sem mencionar os navegadores das cidades-estados situadas ao sul da Itália) estavam em contato com populações africanas havia bastante tempo, fosse com africanos arabizados e islamizados — invasores provenientes do Norte da África, classificados como sarracenos e mouros —, fosse com africanos escravizados, transportados pelas rotas e caravanas que atravessavam as regiões subsaarianas e alcançavam o litoral mediterrâneo. Na Península Ibérica daquele período, já havia o contexto possível para a ocorrência de um processo relacional de construção de diferenças e desigualdades entre povos com diferentes origens e aparências distintas. Provavelmente, a primeira vez que alguém recorreu à brancura como forma de distinção não ocorreu nas Américas. Convém lembrar: houve escravidão africana em Portugal.

Foi na Espanha, em 1449, que surgiram os primeiros estatutos de "limpieza de sangre", já nos momentos finais da Reconquista, a longa série de batalhas seculares movidas pelas monarquias cristãs com a finalidade de expulsar os reinos islâmicos plantados na Península Ibérica. Foi também naquele contexto que surgiu uma das primeiras concepções de raça, então compreendida como uma impureza sanguínea e espiritual atribuída pelos católicos aos mouros e judeus (Olival, 2004; Rego, 2009).

Fernanda Olival (2004) identificou na década de 1540, em Portugal, a prática de investigar a pureza sanguínea dos "quatro graus" ou dos "quatro avós", aplicada por iniciativa própria da Igreja, não por sanção régia. As "raças infectas" estigmatizadas no Antigo Regime português entre os séculos 16 e 17 eram a expressão de um conceito de raça baseado na linhagem, na ancestralidade e no sangue.

Simultaneamente ao sangue, a origem (conceito complexo, sujeito a múltiplos usos e interpretações) era um dos mais poderosos critérios de estratificação social. Origem poderia dizer respeito ao lugar ocupado pelos antepassados em uma hierarquia de classes, indicando assim a posse de ascendentes fidalgos ou plebeus, senhores ou escravizados. Ainda que houvesse diferentes formas de ingressar na aristocracia, além de diversos graus de nobreza, para ser aristocrata "por sangue" era preciso ter ascendentes ilustres (Bluteau, 1712; Silva, 1789).

Por fim, a origem poderia se referir à orientação religiosa cristã, judaica, islâmica ou pagã dos ancestrais, motivo pelo qual a ascendência estava sujeita a ser impura ou imaculada, a depender da presença ou ausência de poluições sanguíneas e religiosas. Nesse sentido, Bluteau (1712) e Silva (1789) concordavam que "ter raça" equivalia a ter sangue mouro ou judeu. A raça era uma impureza sanguínea e espiritual que os cristãos atribuíam aos não cristãos. Nessa lógica religiosa, ter raça implicava estar excluído da cristandade e da pureza. Não sendo cristãos, os mouros e os judeus não seriam nem puros nem brancos. A pureza estava associada à cristandade e à brancura.

Os estatutos de pureza portugueses surgiram primeiramente em ordens religiosas, confrarias e colégios universitários, com a finalidade de impedir que indivíduos maculados acessassem cargos, honras, direitos, privilégios e dignidades (Olival, 2004). Mais tarde, de forma lenta e gradual, a raça — que de início incidia sobre mouros e judeus — passou a abarcar um número crescente de diversos outros grupos sociais (Boxer, 1970; Rego, 2009). Foi nas colônias europeias localizadas nas Américas que os processos ora de adaptação e expansão dos parâmetros europeus de classificação, ora de invenção de critérios próprios de hierarquização ficaram ainda mais evidentes.

Com base em pesquisas realizadas durante a década de 1970, o historiador norte-americano Theodore Allen elaborou uma hipótese explicativa para a origem da raça branca nos Estados Unidos do século 17. Allen (1994) defende que, quando os primeiros escravizados africanos desembarcaram na Virgínia, em 1619, "não havia brancos lá". Naquele contexto, havia semelhanças entre as condições de trabalho e de exploração de escravizados africanos e servos europeus, razão pela qual negros e brancos teriam estabelecido solidariedade de classe e executado um levante em conjunto.

Conforme a tese de Allen, a raça branca teria sido inventada como reação à Rebelião de Bacon (1676-1677), quando trabalhadores com diferentes origens raciais, geográficas e religiosas construíram solidariedade entre si e protagonizaram um levante armado contra as classes dominantes. De início, o autor assinala que, na América inglesa, não havia um estrato intermediário situado entre a elite dominante das plantações e a massa de trabalhadores, composta por escravizados, servos e livres, negros e brancos.

Após a Rebelião de Bacon, as classes dominantes elaboraram políticas sistemáticas de atribuição de privilégios a trabalhadores europeus. Assim foi criada uma classe intermediária. Ao mesmo tempo, impuseram prejuízos severos aos negros e bloquearam a sua mobilidade social (Allen, 1994). Para o referido historiador, o conceito de raça branca foi inventado pelas elites políticas e econômicas para reagir ao conflito de classes e à solidariedade entre subalternos, por meio de concessão de vantagens a trabalhadores europeus, a fim de manter o controle social sobre trabalhadores negros, fossem eles escravizados ou livres. Em outros contextos, nobreza, pureza e brancura poderiam estar vinculadas, recebendo novos significados e cumprindo outras finalidades.

Na Índia portuguesa, por exemplo, as elites políticas nativas viviam preocupadas com a presunção de sangue infecto que poderia incidir sobre elas. Por esse motivo, buscavam destinar suas filhas aos casamentos endogâmicos, para preservar a pureza sanguínea brâmane, ou buscavam casá-las com reinóis, tidos por mais puros, mais limpos, mais claros e mais qualificados (Rego, 2009). Na Índia, houve uma convergência complexa entre concepções locais e externas acerca dos vínculos entre brancura e pureza.

Em Goa, segundo as análises de Ana Paula Gomide (2016), as autoridades lusitanas adotaram uma política de casamentos orientada por critérios de brancura, honra, pureza sanguínea e espiritual. A coroa portuguesa enviava órfãs brancas, nascidas no reino, que recebiam um dote do rei e deveriam ser as preferidas para casamento. Na ausência delas, as filhas dos brâmanes poderiam ser as eleitas: eram consideradas "mulheres brancas", por serem "castas", "alvas", portadoras de "boa aparência" e de "bom viver", já que passavam o tempo "retraídas" em casa (Gomide, 2016, p. 31).

Analisando outro local e período, Boxer (1970, p. 251) identificou o caso de um nobre português, designado para atuar como governador de Angola no final do século 18, segundo o qual a "brancura da pele" e a "pureza da alma" eram interdependentes, sugerindo que a epiderme clara era lida como uma expressão visual da pureza espiritual.

Em grande medida, ser branco era uma condição que tendia a ser definida pela ausência daquilo que os cristãos portugueses atribuíam a mouros, judeus e africanos: impureza, inferioridade, desonra. Ao mesmo tempo, atribuíram-se aos brancos qualidades que não se encontravam nos pretos e mulatos. Na América lusa, essas formas simultâneas de atribuição/negação de qualidades podiam ser empregadas de forma semelhante à da metrópole. O advogado e poeta Gregório de Matos, por exemplo, foi o autor de diversos poemas satíricos no Brasil da segunda metade do século 17. Em um deles, intitulado "Coplas", ele faz referência à cor e a seus predicados:

> Não sei, para que é nascer
> neste Brasil empestado
> um homem branco, e honrado
> sem outra raça.
> [...]
> Os Brancos aqui não podem
> mais que sofrer, e calar,
> e se um negro vão matar,
> chovem despesas.

No trecho, percebe-se o tom satírico e irônico com que o autor caracterizava os brancos: sofridos, calados e devendo arcar com as despesas de matar negros. Dessa forma, ele questionava: afinal, de que servia ser branco? Ao mesmo tempo, ser "homem branco" estava associado à honra (um valor nobre) e à ausência de "outra raça", ou seja, à inexistência de miscigenação (Matos *apud* Peres, 1967, p. 63). Assim, ainda que implicitamente, a brancura foi evocada como expressão da pureza sanguínea. De acordo com Peres, o poema expressava o descontentamento do literato, que recorreu à cor branca de maneira reativa à ascensão social dos mulatos no Brasil colonial.

Os vínculos entre nobreza e brancura aparecem ainda de outras formas. Analisando os elogios de uma autoridade eclesiástica a Henrique Dias em meados do século 17, Ronald Raminelli (2012) observou que os significados atribuídos à pele alva constituíram os parâmetros com os quais os feitos do militar negro foram avaliados: qualidades positivas e hábitos nobres, tais como a lealdade e a disposição para a guerra, eram considerados não apenas ausentes nos pretos e escravizados, mas valores associados à cor branca. Além disso, Raminelli identificou um vínculo entre brancura e comportamento, pois aquele relato expressava ainda o entendimento de que os brancos executavam bem suas obras e esforços, enquanto os negros não seriam capazes disso.

Em sua análise da América portuguesa, o historiador Pedro Calmon (1937) observou que a estratificação social se baseava em uma complexa noção de castas regidas, entre outros fatores, pela cor, critério capaz de estabelecer profundas desigualdades entre brancos, pretos e pardos, bem como entre os ofícios que eles desempenhavam. Ao branco europeu não se pediam provas de procedência e conduta, pois, conforme Calmon, a alvura da pele era tida como recomendação e como qualidade, vantagens acentuadas diante da abundância de africanos. Mesmo entre as esferas mais baixas, a cor branca poderia ser reivindicada como atributo de nobreza, autorizando atitudes de ojeriza ao trabalho braçal, tido por coisa de cativos (Calmon, 1937).

Ainda que bastante mencionada na bibliografia e nas fontes do período, a alegada "ociosidade" dos brancos deve receber matizes vários. Brancos de todos os estratos sociais recusavam-se, de fato, a desempenhar atividades consideradas "de escravos". Contudo, havia intrincadas hierarquias entre os diferentes ofícios, bem como entre os praticantes de um mesmo ofício (Silva Filho, 2004). Desde o início do período colonial, o emprego de escravizados africanos e crioulos como carpinteiros, ferreiros, pedreiros, tecelões e diversas outras atividades fez que muitos trabalhadores livres buscassem se afastar das atividades artesanais e manufatureiras. Ao evitar o esforço físico e a utilização das mãos, eles demonstravam empenho em se diferenciar dos cativos, para não deixar dúvidas quanto à sua condição. Isso foi acentuado sobretudo no caso daqueles trabalhadores socialmente próximos dos escravizados: os mestiços e os brancos pobres, que buscaram, a todo custo, distanciar-se da escravidão (Cunha, 2000).

Ao mesmo tempo, havia ofícios que os mestres artesãos procuravam reservar a si mesmos, situação em que várias corporações e irmandades não apenas recusavam ensinar e empregar escravizados como ainda elaboravam normas que excluíam mouros, judeus e mulatos. Seus estatutos deixavam evidente que trabalhadores de qualidade inferior não deveriam ter a ousadia de se ombrear com trabalhadores de superior qualidade (Cunha, 2000).

Em suma, no Brasil escravista, entre o final do século 18 e o início do 19, o trabalho manual era considerado atividade indigna para homens livres. Tratava-se de herança ibérica reforçada em terras tropicais pela ação pedagógica dos padres jesuítas, que adaptaram à colônia a tradição clássica de ojeriza às atividades produtivas braçais. A recusa de certos artesãos, especialmente os brancos, em permitir que seus ofícios fossem executados por escravizados era uma forma de proteger determinados ramos da atividade produtiva do aviltamento atribuído ao trabalho executado pelos africanos (Cunha, 2000).

Buscando compreender os sentidos que os termos raciais recebiam no Brasil durante o final do século 18, Silvia Hunold Lara (2019) constatou que a reivindicação de nobreza estava presente nos conflitos cotidianos, sobretudo nos processos judiciais motivados por injúrias verbais. Sentindo-se ofendidos, pardos e mulatos exigiam na justiça o reconhecimento da honra e da respeitabilidade herdadas de antepassados nobres, o que no Brasil daqueles dias significava ter pai branco. A brancura dos antepassados poderia ser reivindicada como uma espécie de herança imaterial.

Para a autora, a classificação social por meio da cor e da origem era importante naquele período, na medida em que a pele clara funcionava como um marcador da distinção entre a liberdade e a escravidão: homens classificados como “negros”, “pardos”, “pretos” e “crioulos” eram assim afastados dos brancos e da liberdade, pois indicavam tez escura e proximidade com o cativeiro. Lara (2019) sugere que a multiplicidade de termos raciais para classificar os não brancos indicava uma longa escala social, como diferentes graus de proximidade e distanciamento em relação à liberdade e à escravidão. Ainda que a multiplicidade de termos raciais indicasse diversos lugares sociais intermediários, "preto" tendia a significar quase sempre escravo, enquanto "branco" era indiscutivelmente associado à liberdade.

Foi em Lisboa, no ano de 1712, que o erudito Raphael Bluteau registrou a palavra "branco" como "cor branca"; "coisa de cor branca"; "brancura"; "homem branco, bem nascido e que até na cor se diferencia dos escravos, que de ordinário são pretos ou mulatos" (Bluteau, 1712, p. 182-83). Em sua definição, a cor branca carregava alguns sentidos bastante específicos: ser branco implicava ser "bem nascido", ou seja, ter origem nobre; assim, tal cor diferenciava as pessoas brancas dos plebeus e trabalhadores braçais. Por fim, ao diferenciar-se dos escravizados pretos e mulatos, a cor branca afastava os brancos do cativeiro.

De acordo com Andreas Hofbauer (2006), as denominações de cor empregadas em Portugal em meados do século 18 estavam ligadas ao *status* social. Quando, diante de negros, mulatos e amorenados provenientes das Conquistas, um português queria ressaltar sua nobreza, dizia ser branco. Ser um branco "de verdade" havia se tornado quase um título honorífico, de tal forma que, quando um português se dizia branco, não queria dizer necessariamente que sua pele o era, mas que ele era nobre ou pessoa pertencente a uma família importante. Por certo, tais concepções não eram desconhecidas nas colônias lusitanas.

Silvia Hunold Lara (2007) enfatizou as especificidades das relações raciais na América portuguesa durante a segunda metade do século 18. Entre os administradores coloniais, havia uma tendência a associar cor à condição social: quanto mais escura a epiderme, maior a tendência a vinculação ao cativeiro; quanto mais clara, maior a vinculação à liberdade. A inovação histórica naquele momento foi a necessidade de evitar confusão entre, de um lado, os brancos (independentemente de serem fidalgos ou plebeus) e, de outro, os pretos e os mulatos (independentemente de serem livres ou escravizados).

No dicionário produzido pelo brasileiro Eduardo de Faria no início da década de 1860, o verbete "branco" apresentou a seguinte definição: "cor branca", "a cor mais clara de todas", "contrasta com o preto ou é mais claro que outro da mesma espécie", seja homem, vinho, cabelos ou papel; por fim, explica que a cor branca designa "oposição a negros, escravos ou forros" (Faria, 1861,

p. 574). É importante evidenciar que tal definição de branco era aplicada a pessoas, e não apenas a coisas. Além disso, a explicação de Faria para o termo comporta uma perspectiva relacional e relativa: o branco é aquele "mais claro que outro da mesma espécie". Isso sugere que ser classificado como branco era um procedimento relacional e dependente da circunstância: ser comparado com pessoa mais escura ou com outra pessoa ainda mais branca. Todavia, a explicação mais importante fornecida pelo dicionário de Eduardo Faria é a de que branco se opunha aos negros, fossem eles escravos ou forros. Entre a metrópole e a colônia independente, parece ter havido uma ampliação do sentido do termo.

Para Raphael Bluteau, em Lisboa, no ano de 1712, o branco se diferenciava dos escravos pretos e mulatos; para Eduardo Faria, no Brasil, em 1860, o branco se diferenciava de todo e qualquer negro, independentemente de ser escravo ou de ter conquistado a liberdade. Observando que negros e brancos são construções sociais com fronteiras nem sempre claras na experiência brasileira, Martha Abreu e Hebe Mattos (2008) reconhecem que, do ponto de vista histórico, a identidade negra foi elaborada em aproximação ao cativeiro, enquanto a identidade branca se fez em associação à liberdade. Particularmente para Hebe Mattos (1995), a ideia de liberdade baseada na cor branca foi construída ao longo do período colonial e permaneceu em vigor até meados do período oitocentista.

Analisando outro local e período, Charles Boxer (1970) identificou o caso de um nobre português, designado para atuar como governador de Angola no final do século 18, segundo o qual a "brancura da pele" e a "pureza da alma" eram interdependentes, sugerindo que a epiderme clara era lida como uma expressão visual da pureza espiritual.

Na lógica portuguesa, a cor branca, como sinal capaz de demarcar um lugar superior nas relações sociais, recebia também significados religiosos. Em sua análise dos sermões do padre português António Vieira, Raminelli (2012) percebeu críticas à pretensão de superioridade dos brancos diante dos negros. Ainda que Vieira fosse um árduo defensor da igualdade entre cristãos, seus registros apontam que batismo e catequese eram ineficazes para igualar escravos e senhores, bem como brancos, pretos e pardos. A voz destoante de Vieira sugere por contraste que, entre os eclesiásticos de seu tempo, predominava a opinião de que a cor da pele era um reflexo da alma. Ao que parece, a depender do local, do período e das partes envolvidas, a brancura poderia receber diversas significações e exercer muitas funções diferentes.

Elegendo como fio condutor da análise os significados da liberdade do ponto de vista de escravizados e senhores, Hebe Mattos (1995) observou que, no Sudeste paulista, ao longo da primeira metade do Oitocentos, os processos cíveis e criminais informavam sistematicamente a cor de réus e testemunhas. Ainda que indivíduos nascidos livres fossem qualificados como pardos ou como brancos, a liberdade era compreendida como atributo específico dos brancos; a escravidão, dos negros. Para a autora, a cor branca era definidora isolada de um *status* social específico, uma condição de liberdade que não dependia de qualquer outra relação social para ser reconhecida, possibilitando que ser classificado como branco funcionasse como um poderoso critério cotidiano de diferenciação social.

A distinção propiciada pela brancura se expressava das mais diferentes formas. Charles Boxer (1970) observou que, desde o período colonial, os brancos eram castigados com penas mais brandas do que aquelas que incidiam sobre os negros livres julgados culpados pelos mesmos crimes.

Em discurso na Câmara dos Deputados, no ano de 1827, o parlamentar Raimundo José da Cunha Mattos narrou a famosa história de Henrique Dias (sempre citado nas análises sobre pureza de sangue), filho de africanos libertos que se destacou em batalhas militares em defesa dos interesses da Coroa, para lembrar aos demais parlamentares que muitos pretos e pardos prestavam relevantes serviços ao país.

Não sem ironias, Mattos convidava os colegas a deixarem de lado o "espírito de puritanismo", bem como a mania daqueles que "queriam ser fidalgos", apesar de ter antepassados mouros, negros e judeus. Cunha Mattos classificava como "ridículos" todos aqueles "que pensam que no Brasil só os brancos devem como puros servir nos nossos exércitos" (Mattos e May, 1827, p. 9). No início do século 19, ainda era possível identificar no Brasil velhos vínculos entre nobreza, pureza e brancura epidérmica, uma associação de parâmetros capaz de estabelecer profundas desigualdades sociais e uma distribuição desigual de acesso a cargos.

O debate sobre a ausência de pureza na população brasileira foi constante ao longo do século 19 e se expressou de formas bastante diversas. Por exemplo, o advogado, abolicionista e ex-escravizado Luiz Gama, filho da africana Luiza Mahin e de um fidalgo português, foi mais um letrado a tratar poética e ironicamente da variedade racial brasileira por meio de alegorias e metáforas, nem sempre fáceis de interpretar:

[...]
Se negro sou, ou sou bode
Pouco importa. O que isto pode?
Bodes há de toda a casta,
Pois que a espécie é muito vasta...
Há cinzentos, há rajados,
Baios, pampas e malhados
Bodes negros, bodes brancos,
E, sejamos todos francos,
Uns plebeus, e outros nobres,
Bodes ricos, bodes pobres,
Bodes sábios, importantes,
E também alguns tratantes...
Aqui, nesta boa terra,
Marram todos, tudo berra;
Nobres Condes e Duquesas,
Ricas Damas e Marquesas,
Deputados, senadores,
Gentis-homens, veadores;
Belas Damas emproadas,
De nobreza empantufadas;
Repimpados principotes,
Orgulhosos fidalgotes,
Frades, Bispos, Cardeais,
Fanfarrões imperiais,
Gentes pobres, nobres gentes
Em todos há meus parentes
(Gama, 2000 [1859], p. 17-18)

Nesse trecho do poema "Quem sou eu?", Luiz Gama alterava a lógica do racismo que costumava animalizar (ou seja, negar humanidade) os negros. Por meio da universalização da categoria "bodes", ele escancarava a variedade racial e social dos brasileiros, elencando as múltiplas formas de ser "bode": malhados, negros, brancos, plebeus, nobres, ricos, pobres. Apesar de ter pai branco, Luiz Gama era inequivocamente negro, filho de uma africana pagã, condição que não deixava dúvidas sobre o seu pertencimento étnico-racial: em sua aparência predominava a origem africana. Ainda assim, talvez por se reconhecer como filho de uma africana e de um português, Gama olhava para a diversidade dos bodes brasileiros e concluía: "Em todos há meus parentes". Provavelmente, o advogado não apostava na pureza sanguínea dos brancos nascidos no Brasil.

Considerações finais

Para compreendermos as intenções dos sujeitos do passado e a complexidade das relações estabelecidas entre eles, é preciso evitar o anacronismo o quanto for possível, sobretudo na análise do vasto vocabulário racial brasileiro, cuja decifração demanda recusar a aplicação das convenções políticas de identidade racial alienígenas ao tempo, lugar e sujeitos analisados. Quando os historiadores identificam em suas fontes primárias o emprego de termos como "branco", "preto", "pardo", "mulato", "negro", "índios", tendem imediatamente a interpretar designações de cor, de aparência, de fenótipo. Contudo, quando as pessoas *do passado* empregavam esses mesmos termos, não os compreendiam da mesma forma que nós: não se tratava apenas de um critério visual. As designações de cor atuavam como sinalizadores do sangue puro, misto ou infecto; das origens geográfica, social e religiosa dos antepassados; do estatuto jurídico livre, liberto ou escravizado dos ascendentes; da proximidade ou distanciamento em relação ao cativeiro. Da intersecção entre todos esses critérios resultava o lugar social ocupado por indivíduos e grupos.

Minha experiência em ensino sobre os temas que cercam a branquitude revela que, nas aulas, enquanto falo dos brancos, os alunos falam dos negros; enquanto falo de privilégio racial, os alunos falam de racismo. É preciso permanecer atento para manter o foco nos brancos durante nossas aulas e pesquisas sobre desigualdades raciais, pois a tendência é olharmos apenas para os negros, deixando de lado o grupo racial que, em todas as pesquisas e estatísticas, desfruta dos melhores índices quando comparado com a população negra: salários mais elevados, cargos com elevado poder e prestígio, maior acesso ao ensino superior, lugares de vantagem na estrutura social. Neste capítulo, estabeleci diálogos com estudos e autores que não enfocaram suas análises especificamente nos brancos, mas ofereceram reflexões pontuais sobre os sentidos da brancura.

Os historiadores brasileiros ainda não parecem muito dispostos a investigar minuciosamente a construção histórica de identidades coletivas baseadas na cor branca. Brancos são reconhecidos como indivíduos, enquanto cada negro é visto como representante de uma raça inteira. Muitos pesquisadores brancos continuam acreditando que a experiência branca (ainda que não demarcada como branca) é universal, válida como representativa da experiência de todos os grupos étnico-raciais. Por outro lado, eu arriscaria dizer que os brancos, de fato, sempre foram tomados como objetos de estudo, ainda que não por meio do conceito de raça.

No debate sobre raça, chamo atenção para o fato de que a crítica ao essencialismo identitário é frequentemente evocada para criticar e deslegitimar as reivindicações políticas baseadas em identidades negras compartilhadas. Permanecem incólumes, isentas de qualquer crítica, as concepções essencialistas de descendentes de imigrantes que, nas regiões rurais dos estados do Sul do Brasil, continuam se definindo como europeus (italianos, alemães, poloneses, pomeranos), embora tenham várias gerações de antepassados nascidos no Brasil.

Essencialismo identitário não é uma exclusividade dos negros, mas os descendentes de imigrantes europeus não são criticados por seu essencialismo. O conceito de branquitude já está infiltrado no debate público sobre racismo no Brasil e, como acontece com qualquer conceito, a definição de branquitude já é passível de múltiplas compreensões e disputas. Contudo, compreender branquitude apenas como identidade, diferença ou "conjunto de pessoas brancas" é a forma mais superficial de perceber o conceito. Branquitude ganha importância epistemológica e política quando compreendida como lugar de vantagem das pessoas brancas nas relações de poder, ou seja, como desigualdade e como estrutura social.

Ainda que (até agora) não tenha recebido grandes atenções e investimentos teóricos, o conceito de privilégio é fundamental no debate público e nas pesquisas acadêmicas sobre as origens históricas da branquitude brasileira: privilégio é o nome que se dá a uma relação de poder favorável aos brancos, é aquilo que os brancos fizeram por si mesmos, é aquilo que empregadores brancos, no exercício da prerrogativa de recrutar trabalhadores e oferecer salários, fazem ao preferir brancos para ocupar os melhores cargos e receber os mais altos salários. De acordo com Sérgio Costa (2006, p. 9-10),

> aqueles que se beneficiam social e economicamente das estruturas racistas são moralmente diminuídos pela existência destas. Estes têm que se haver com o fato de que as posições sociais que ocupam são apenas em parte resultado de seu mérito pessoal. O restante é produto de algo que é infenso à sua ação como indivíduo, qual seja, o enquadramento prévio de suas características físicas nas classificações raciais dominantes.

No trecho reproduzido, o autor fala dos brancos sem mencionar a cor branca, um procedimento costumeiro na historiografia brasileira. Ao mesmo tempo, chama a atenção para os vínculos existentes entre cor (branca) e favorecimento, relativizando o mérito e o esforço pessoal como únicos fatores explicativos das conquistas sociais e econômicas individuais.

Os significados positivos atribuídos à cor branca derivam de uma ideia de raça que afirmava que as características físicas eram a expressão de peculiaridades e inerências morais e intelectuais. Esse raciocínio interpretativo sempre foi aplicado aos negros. A partir de agora, é preciso entender que também para os brancos a raça foi uma exteriorização de qualidades internas e que essa crença impacta nossas relações sociais, prejudicando uns e favorecendo outros.

Gostaria de finalizar este capítulo compartilhando perguntas que me inquietam desde que comecei a pesquisar a identidade branca: é possível uma branquitude que não reproduza opressão e exploração? Considerando a dimensão relacional das identidades raciais, seria possível abolir a branquitude e manter a negritude? Seria possível abolir o racismo e manter as identidades raciais? Devemos romper com o hábito de identificar pessoas negras por meio da cor ou devemos começar a demarcar os brancos racialmente? Considerando que negros e brancos foram produzidos pela raça e pelo racismo, pergunto: negros e brancos conseguem existir fora da raça? É possível existir fora daquilo que os constituiu?

Ainda não tenho respostas para nenhuma dessas perguntas.

Referências

ABREU, Martha; MATTOS, Hebe. "Em torno das 'Diretrizes curriculares nacionais para a educação das relações étnico-raciais e para o ensino de história e cultura afro-brasileira e africana' — Uma conversa com historiadores". *Estudos Históricos*, Rio de Janeiro, v. 21, n. 41, p. 5-20, 2008.

ALLEN, Theodore. *The invention of the white race — Racial oppression and social control*. Londres/Nova York: Verso, 1994. v. 1.

BLUTEAU, Raphael. *Vocabulario portuguez e latino*. Coimbra: Collegio das Artes da Companhia de Jesus, 1712.

BOXER, Charles. "'Pureza de sangue' e 'raças infectas'". *In: O império marítimo português (1415-1825)*. Lisboa: Edições 70, 1970, p. 242-62.

CALMON, Pedro. *História social do Brasil — Espírito da sociedade colonial*. São Paulo: Companhia Editora Nacional, 1937. t. 1

COSTA, Sérgio. "Prefácio". *In:* HOFBAUER, Andreas. *Uma história de branqueamento ou o negro em questão*. São Paulo: Ed. Unesp, 2006.

CUNHA, Luiz Antônio. *O ensino de ofícios artesanais e manufatureiros no Brasil escravocrata*. São Paulo: Ed. Unesp; Brasília: Flacso, 2000.

FARIA, Eduardo de. *Novo diccionario da lingua portugueza*. 4. ed. Rio de Janeiro: Eduardo & Henrique Laemmert, 1861. 2 v.

GAMA, Luiz. *Primeiras trovas burlescas de Getulino*. São Paulo: Typographia Dous de Dezembro de Antonio Louzada Antunes, 1859.

______. *Primeiras trovas burlescas e outros poemas*. Edição preparada por Ligia Fonseca Ferreira. São Paulo: Martins Fontes, 2000.

GOMIDE, Ana Paula. "Novos encantos, antigos conceitos — Hierarquização e (des) qualificação social na Índia portuguesa (séculos XVI-XVII)". *Temporalidades — Revista de História*, Belo Horizonte, ed. 21, v. 8, n. 2, p. 21-41, maio-ago, 2016.

HOFBAUER, Andreas. *Uma história de branqueamento ou o negro em questão*. São Paulo: Ed. Unesp, 2006.

LARA, Silvia Hunold. *Fragmentos setecentistas — Escravidão, cultura e poder na América portuguesa*. São Paulo: Companhia das Letras, 2007.

______. "Pretos, pardos e mulatos — Cor e condição social no Brasil da segunda metade do século XVIII". *In:* SAMPAIO, Gabriela dos Reis (org.). *Marcado-*

res da diferença — Raça e racismo na história do Brasil. Salvador: Edufba, 2019.

MATTOS, Hebe. *Das cores do silêncio — Os significados da liberdade no Sudeste escravista. Brasil, século XIX*. Rio de Janeiro: Arquivo Nacional, 1995.

MATTOS, Raimundo José da Cunha; MAY, Luiz Augusto. *Sustentação dos votos dos deputados Raimundo José da Cunha Mattos e Luiz Augusto May sobre a convenção para a final extincção do commercio de escravos*. Rio de Janeiro: Imperial Typographia de Pedro Plancher-Seignot, 1827.

OLIVAL, Fernanda. "Rigor e interesses: os estatutos de limpeza de sangue em Portugal". *Cadernos de Estudos Sefarditas*, Lisboa, n. 4, p. 151-82, 2004.

PERES, Fernando. "Negros e mulatos em Gregório de Matos". *Afro-Ásia*, Salvador, n. 4-5, p. 59-75, 1967.

RAMINELLI, Ronald. "Impedimentos da cor — Mulatos no Brasil e em Portugal (1640-1750)". *Varia História*, Belo Horizonte, v. 28, n. 48, p. 699-723, jul.-dez, 2012.

REGO, João Manuel Vaz Monteiro de Figueiroa. *"A honra alheia por um fio" — Os estatutos de limpeza de sangue no espaço de expressão ibérica (séculos XVI-XVIII)*. Tese (doutorado em História), Universidade do Minho, Portugal, 2009.

SILVA, Antonio de Moraes. *Diccionario da lingua portugueza composto pelo padre D. Rafael Bluteau, reformado, e accrescentado por Antonio de Moraes Silva, natural do Rio de Janeiro*. Lisboa: Officina de Simão Thaddeo Ferreira, 1789.

SILVA FILHO, Paulo. "Desvalorização e desprezo ao trabalho manual e mecânico na sociedade escravista colonial". *Anais do V Encontro Estadual de História da Anpuh/PE*, Recife, p. 1-14, out. 2004.

2. Supremacia branca à brasileira[1]

Lia Vainer Schucman
Willamys da Costa Melo

> *Supremacia branca é o sistema político não nomeado que fez do mundo moderno o que ele é hoje.*
>
> (Mills, 2023, p. 15)

Que lógica rege o fato de que, em um país em que 54% da população se declara negra, os lugares de poder estejam ocupados, em sua quase totalidade, por pessoas brancas? Que mecanismos ideológicos estão em jogo para assegurar aos brancos o acesso às posições mais altas na hierarquia social, sem que isso seja encarado como privilégio racial? Que crenças e discursos os sujeitos brancos produzem e reproduzem para beneficiar-se na estrutura social e, ao mesmo tempo, desresponsabilizar-se e isentar-se dos problemas advindos da injustiça social que afeta os negros e indígenas em nosso país?

Partindo de tais questões, é possível construir, para fins argumentativos, uma cena hipotética. Imaginemos que, em uma reunião do Conselho Universitário da Universidade de São Paulo (USP), os(as) docentes fossem questionados(as): "Como você chegou até aqui?" Supõe-se, nessa cena, que a maioria das respostas giraria em torno de afirmativas como: "Estudei muito", "tive uma boa formação e me esforcei", "sempre quis ser professor da USP, por isso lutei muito" — ou seja, de enunciados que remetessem às qualidades individuais de seus emissores. Em outras palavras, na suposição que ora produzimos, pouquíssimas respostas mencionariam o fato de que tais professores são brancos e que isso facilitou sua inserção nos postos mais altos da carreira universitária.

---

1. Parte deste capítulo foi originalmente publicada no formato de artigo na *Revista Espaço Acadêmico* em 2022.

Continuando o argumento: se perguntássemos para o mesmo grupo qual é a justificativa para que, entre os 5.820 professores daquela universidade, apenas 2% estejam no grupo de pardos e pretos, é bem possível que muitos respondessem que a causa para tal desproporcionalidade seja o racismo estrutural, o legado da escravidão e muitas outras respostas associadas às desigualdades raciais. Dessa forma, cabe-nos perguntar quais são os discursos e narrativas que sustentam a possibilidade de que, ao mesmo tempo que se reconhece o racismo para justificar as desvantagens que atingem os negros e indígenas de nossa sociedade, não se reconhece que os lugares de prestígio ocupados pelos brancos também estejam associados à pertença racial.

Desse modo, este capítulo tem como objetivo analisar como a ideologia do mérito e o mito da democracia racial constroem e sustentam o que chamamos aqui de supremacia branca à brasileira. Para tanto, faremos primeiramente uma revisão crítica do mito da democracia racial. Em seguida, dialogaremos com a relação entre meritocracia e pigmentação. Por fim, discutiremos a supremacia branca à luz da meritocracia e do mito da democracia racial.

O ideal de oportunidades iguais disseminado pelo mito da democracia racial

Ainda que todas as evidências apontem o racismo como explicação mais sólida para as desigualdades raciais, o racismo brasileiro tem a especificidade de, em maior ou menor grau, ser camuflado pelo mito da democracia racial. A ideologia da democracia racial tem raízes muito anteriores a 1930. A expressão, entretanto, aparece pela primeira vez, de acordo com Antonio Sérgio Guimarães (2019), em um artigo de Roger Bastide publicado no *Diário de São Paulo* em 1944, no qual foram usados os termos "democracia social" e "racial" para descrever a ausência de diferenças rígidas entre brancos e negros. Guimarães aponta também que o termo evoca essencialmente dois significados: o primeiro subentende que todos os grupos raciais vivem na mais perfeita harmonia; já o segundo remete, no mínimo, a um ideal de igualdade de direitos, e não apenas de expressão cultural e artística.

O ideal de "democracia racial" faz parte do nosso imaginário e constrói um senso de identidade nacional do qual os brasileiros, na maioria, não abrem mão. Carlos Hasenbalg (1979) aponta que tal conceito é uma arma ideológica, produzida por intelectuais das elites dominantes brancas, destinada a socializar brancos e não brancos como iguais, evitando, assim, um conflito racial em nosso país.

No Brasil, um dos pontos que fundamentaram esse mito é o fato de que, em determinada parcela da população, a miscigenação foi exaltada. Contudo, essa justificativa esconde as formas históricas e ideológicas em que tal miscigenação se sustenta. Trata-se de uma estratégia política e racista de tentar embranquecer a população, e de uma ideia sobretudo incentivada com a vinda de imigrantes europeus.

Assim, a miscigenação configurou um fato político eugenista e racista com o objetivo de homogeneizar, embranquecer e elaborar a identidade nacional do povo brasileiro. Os mestiços eram tidos como seres inferiores, degenerados e estéreis, concepção esta que foi fundada pela raciologia (Munanga, 2019). Nesses termos, historicamente o Brasil se tornava uma sociedade supremacista branca ancorada na ideia de miscigenar as raças, uma vez que tal política visava clarear o fenótipo do país, ainda que seus membros mantivessem um genótipo mestiço (Munanga, 2019). Segundo Miranda (2017, p. 56), "nascer e crescer sob tal mito confere ao branco um padrão de normalidade para aquilo que os não brancos apontam como privilégios".

Como vimos, o ideal propagado pelo mito da democracia racial visa socializar a ideia de que o Brasil oportuniza igualdade de direitos e oportunidades para os diferentes grupos raciais. Tendo isso em conta, passamos, a seguir, à vinculação entre meritocracia e desigualdade racial.

Meritocracia e pigmentação: o mérito na construção da desigualdade racial

De acordo com o dicionário Houaiss (2012, p. 551), a palavra "mérito" é sinônima de "merecimento", por sua vez descrita como "capacidade, aptidão, engenho, competência, dom, dote, idoneidade, inteligência, saber e talento". A enunciação do termo é cada vez mais constante no cenário brasileiro. Ainda que partamos do senso comum do item lexical dicionarizado, é importante perceber que se considera o mérito como uma característica dos seres humanos, fruto de habilidades individuais, algo inato e/ou desenvolvido ao longo do tempo, enquanto a meritocracia é um sistema ideológico (im)posto, cabendo a cada um receber recompensas com base em esforço (McNamee e Miller Jr., 2014).

A ideologia é entendida, aqui, como "uma das formas da práxis social: aquela que, partindo da experiência imediata dos dados da vida social, constrói abstratamente um sistema de ideias ou representações sobre a realidade" (Chaui, 2001, p. 8). Ou seja, a meritocracia emerge como uma representação ideológica que paira no tecido social brasileiro, encabeçada, sobretudo, pelo sistema dominante vigente.

Etimologicamente, é possível remontar o termo meritocracia à aglutinação do radical em latim *mereo* ("ser digno", "merecer", "obter") ao radical grego *kratos* ("força", "poder"). Sem buscar tecer uma análise aprofundada do vocábulo, é possível afirmar que seu significado político estabelece uma lógica direta entre mérito e poder, meritocracia e hierarquização. Dessa maneira, para aqueles sobre os quais tal ideologia incide, a desigualdade é justificada e legitimada como justa, pois partiríamos do mesmo lugar para obter nossos objetivos, e o gesto de fazê-lo corresponderia ao mérito individual (McNamee e Miller Jr., 2014). Nesse sentido, vale apontar mais uma definição de meritocracia:

> A meritocracia — desenvolvida no âmbito do modelo individualista ocidental — é uma perspectiva de acordo com a qual o indivíduo ocupa uma determinada posição na hierarquia social devido ao seu próprio mérito, ou vontade e capacidade individuais. Tal perspectiva negligencia a relação dos indivíduos com seu grupo social, e torna apenas coincidente o sucesso individual e o fato de o vencedor pertencer a camadas privilegiadas da população, com acesso a bens materiais e simbólicos que são negados à maioria da população. (Maia, 2017, p. 97)

Em 1956, o sociólogo inglês Alan Fox empregou pela primeira vez o termo "meritocracia" em uma revista inglesa. O artigo criticava o processo seletivo de empresas que contratavam com base na "inteligência" e no "talento" partindo do pressuposto da existência de igualdade de oportunidades, o que só aprofundava as desigualdades e mazelas daquela época (Boarelli, 2019). Em 1958, Michael Young, político e ativista social do Partido Trabalhista britânico, publicou *The rise of meritocracy* [A ascensão da meritocracia], que se tornou *best-seller*. Mendes (2018) descreve essa obra como uma sátira que produz uma projeção futura da Grã-Bretanha da época caso continuasse o seu sistema meritocrático nas escolas do país, o que levaria a uma hierarquização social profunda. Nesse sentido, é importante notar que foi a narrativa de Young a responsável pela popularização do termo.

Retornando ao caso brasileiro, Cruz Filho *et al.* (2006) apontam que, em nosso país, a meritocracia alicerça diversos processos nas instituições, como critérios de avaliação escolar, vagas de emprego e cargos em templos religiosos. Almeida (2019, p. 51), por sua vez, a descreve da seguinte forma:

> A meritocracia se manifesta por meio de mecanismos institucionais, como os processos seletivos das universidades e os concursos públicos. Uma vez que a desigualdade educacional está relacionada com a desigualdade racial, mesmo nos sistemas de ensino públicos e universalizados, o perfil racial dos ocupantes reafirma o imaginário que, em geral, associa competência e mérito a condições como branquitude, masculinidade, heterossexualidade e cisnormatividade. Completam o conjunto de mecanismos institucionais meritocráticos os meios de comunicação — com a difusão de padrões culturais e estéticos ligados a grupos racialmente dominantes — e o sistema carcerário, cujo pretenso objetivo de contenção da criminalidade é, na verdade, controle da pobreza e, mais especificamente, controle racial da pobreza.

Nosso argumento é o de que, no discurso brasileiro, as ideologias do mérito e do racismo andam lado a lado. Em outras palavras, "no Brasil, a negação do racismo e a ideologia da democracia racial sustentam-se pelo discurso da meritocracia" (Almeida, 2019, p. 52). Nesse sentido, a meritocracia, aplicada injustamente no seio da sociedade brasileira, coligada ao racismo passa, então, a alocar posições de poder hierárquicas que visam monopolizar o aparato social, político e econômico.

Hoje, a meritocracia está estritamente ligada à concepção neoliberal, que por sua vez está centrada no individualismo, caracterizando, portanto, o mérito como uma ação individual (Silva, 2017; Béhar, 2019). A partir da década de 1970, a ideologia neoliberal consolida-se como um sistema político e econômico que preconiza a privatização do serviço público e incentiva o individualismo em uma sociedade marcada por sérias desigualdades (Viana e Silva, 2018). De forma recíproca, a meritocracia baseada na premissa de sucesso individual se retroalimenta desse sistema vigente, produzindo a responsabilização dos sujeitos por aspectos de sua vida que concernem à estrutura social e estimulando a competitividade (Viana e Silva, 2018). É assim que cada um passa a responder por seu próprio declínio ou ascensão.

A crítica que este texto perfila diz respeito à continua dispersão da meritocracia e da prerrogativa do mérito sem que seja analisada criticamente a lógica excludente, desigual, assimétrica e racista de nosso país. Nesse sentido, as seguintes questões podem ser formuladas: que sujeitos se beneficiaram e continuam se beneficiando da ideia de mérito? E quem são os que acabam excluídos pelo funcionamento da crença na meritocracia? Enunciados bastante cotidianos como "basta você querer que você consegue", dispersos irrefletidamente pelo tecido social, deflagram o funcionamento de uma trama discursiva e ideológica que naturaliza as desigualdades existentes e apaga a lógica supremacista branca. É sobre essa lógica que a próxima seção reflete.

Breves reflexões sobre a supremacia branca

Para o teórico cultural Nicholas Mirzoeff (2018, p. 123), "não se trata do antropoceno, mas sim da cena da supremacia branca". Esta se refere ao meio para se alcançar os privilégios numa sociedade estratificada racialmente: a distribuição estratégica de indivíduos brancos para controlar os meios de produção, de comunicação e de toda a ordem política do Estado. Dissertar sobre supremacia branca é desvelar os atores e atrizes que compõem os cenários de manutenção do privilégio branco: "Embora se beneficiem claramente do racismo de diferentes maneiras, os brancos, como grupo racial, garantem a supremacia em quase todas as facetas da vida social" (Leonardo, 2004, p. 140).

Compreender os mecanismos ideológicos que atravessam a supremacia branca é essencial para lutarmos contra o racismo. Partimos da ideia de que a supremacia branca é o fruto da dominação colonial, que produziu uma superioridade racial branca e, em contrapartida, uma inferiorização de todas as outras raças (Almeida, 2019) — um sistema que se utiliza da violência, da arbitrariedade e da sujeição a práticas sociais impostas pelo grupo racial branco, com o propósito de resguardar o poder, a riqueza e o privilégio para os membros de sua comunidade (Jaffee e Casey, 2021). O objetivo é controlar o poder econômico e político, mas também produzir subjetividades. Assim, compactuamos com o pensamento de Stephen Kantrowitz (2000, p. 12), que afirma:

> Qualquer análise real da supremacia branca não pode se limitar ao estudo dos mecanismos de violência física, coerção econômica, efeitos institucionais e os esforços de críticos e oponentes; também deve prestar muita atenção às palavras e ideias. Isso não significa simplesmente explorar figuras retóricas ou perseguir uma história intelectual separada de outros domínios da experiência humana; significa confrontar o evanescente e o material, o mental e o elementar, tudo de uma vez — um desafio formidável.

No mais, a supremacia branca se refere ao modo de operação que hierarquiza, controla e domina todos os segmentos da vida social por meio das preferências do grupo racial branco (Gillborn, 2015). Dessa forma, cria-se uma hegemonia branca que domina o campo econômico, político, judiciário e educacional, entre outros, e busca beneficiar injustamente indivíduos brancos, assegurando o privilégio branco com base em uma lógica racista, excludente e colonizadora (Leonardo, 2004). Em todo o mundo, essa supremacia branca se materializa de diversas maneiras, por meio da violência sistêmica, da linguagem, das leis (ditas e não ditas) e da vigilância pública (policiamento) (Jaffee e Casey, 2021). No que tange ao capitalismo, concordamos com Casey (2021, p. 93): "A supremacia branca se encaixa no capitalismo porque o racionaliza e o defende. O capitalismo se encaixa na supremacia branca pelo mesmo motivo: o racismo branco é lucrativo quando permite a troca e cria mais-valia". Fanon (1965, p. 47) também nos ajuda a pensar na supremacia branca por meio da ideia de que ela se afirmou através da violência:

> A violência com que se afirmou a supremacia dos valores brancos, a agressividade que impregnou o confronto vitorioso desses valores com os modos de vida ou de pensamento dos colonizados fazem que, por uma justa inversão das coisas, o colonizado os escarneça quando se evocam esses valores na sua presença.

No caso do Brasil, o massacre da população negra, travestido de guerra às drogas e segurança pública, revela que há um projeto em curso que busca o extermínio do povo negro. De acordo com o *Atlas da violência* 2024 (Ipea), em 2022, os(as) negros(as) foram 76,5% das vítimas de homicídio, totalizando 35.531 mortes intencionais e contabilizando 29,7 homicídios por 100 mil habitantes. Por outro lado, a população não negra obteve uma taxa de 10,8 homicídios para cada 100 mil habitantes. É possível afirmar que a supremacia branca brasileira conduz a população negra a um nível de negligência que a leva à pobreza e muitas vezes a condena à morte.

A incidência do privilégio branco reverbera nas relações cotidianas, de forma que a pessoa reconhecida como branca usufrui de ganhos valendo-se dessa brancura. É fácil constatar as diferenças entre o tratamento dado aos brancos e aquele dado aos negros em nossa sociedade. Basta olhar para o cotidiano e perguntar: quantos brancos são diariamente perseguidos dentro de um *shopping center* por serem confundidos com ladrões? Quantas pessoas brancas são paradas diariamente em uma abordagem policial no meio da rua? Ou já foram rechaçadas e humilhadas em virtude de sua cor? Privilégio branco é ser bem recebido(a) em todos os espaços só por ser branco(a). Como afirma o teórico Zeus Leonardo (2004, p. 137), "o privilégio é concedido mesmo sem o reconhecimento do sujeito de que a vida é um pouco mais fácil para ele. O privilégio também é concedido apesar da tentativa do sujeito de se desidentificar com a raça branca".

Ainda que o sujeito branco tente renunciar à sua brancura, isso não é possível. Há todo um sistema hierárquico de poder que alimenta cotidianamente os aspectos da brancura. Contudo, quem se alimenta desse sistema de dominação? Como ele se perpetua dia após dia? Por que essas vantagens são compartilhadas apenas com pessoas do mesmo grupo racial, isto é, brancos? Se o sistema beneficia pessoas brancas, é justamente porque o grupo que controla e regula esse sistema é o branco. Diz Leonardo (2004, p. 138):

> O discurso sobre privilégio tem a infeliz consequência de mascarar a história, ofuscando os agentes de dominação e removendo as ações que deixam claro quem está fazendo o quê e a quem. Em vez de enfatizar o processo de apropriação, o discurso do privilégio centra o debate nas vantagens que os brancos recebem, confundindo os sintomas com as causas. As vantagens raciais

podem ser explicadas por meio de uma história mais primária de exclusões e práticas ideológicas.

Diante disso, é essencial definir privilégio branco e diferenciá-lo de supremacia branca, mesmo que ambos sejam relacionais e componham diferentes prismas da branquitude. O privilégio branco é fruto dos episódios de racismo cotidiano, tendo-se que vantagens são construídas e concedidas sob a égide do racismo. Por outro lado, a supremacia branca refere-se à lógica de dominação, hierarquização e controle dos sistemas de poder, ocupando-se de moldar o mundo segundo os interesses de pessoas brancas, que administram todos os recursos materiais e simbólicos e os distribuem apenas entre si (Gillborn, 2015).

O privilégio branco confere uma série de direitos, regalias, vantagens imerecidas e injustificadas, conferindo recursos, recompensas sociais, *status* e poder à identidade racial branca (McManimon, 2021). Dessa forma, os(as) intelectuais brasileiros(as) percebem o privilégio branco em duas dimensões: simbólica e material. A dimensão simbólica diz respeito às classificações sociais positivas — como inteligência, beleza, competência — que são atribuídas aos sujeitos brancos (Schucman, 2012). Por outro lado, sobre os sujeitos negros recaem atributos negativos — como preguiça, atraso, agressividade etc.

No que tange ao privilégio material, ele representa a facilidade com que sujeitos brancos têm acesso a educação, moradia própria, melhores oportunidades de emprego e a toda uma herança passada ao longo das gerações (Schucman, 2012). Para alcançar esse *status quo* privilegiado, é preciso tornar a branquitude central e incorporá-la nas organizações e nos meios de produção, além de reverberar significados positivos nos meios de comunicação com base na inferiorização do outro: "[...] a natureza negativa do privilégio branco *requer* violência excludente, a fim de manter ou aumentar o valor social da brancura" (MacMullan, 2009, p. 34).

A professora Stephanie M. Wildman (2005) destaca alguns argumentos para a persistência nociva do privilégio branco e da branquitude. Segunda ela, a branquitude é como uma zona de conforto, um padrão normativo que rege a vida cotidiana com base na experiência da própria branquitude, colocando em prática o coleguismo e a cumplicidade do grupo racial branco e enfatizando a falsa ideia de invisibilidade racial e o individualismo. Wildman (2005) também afirma que a branquitude tende a desviar e evitar discussões sobre o racismo e sobre as desigualdades sociais e raciais, direcionando o foco para as preocupações e os sentimentos das pessoas brancas.

Isso posto, o privilégio branco é uma vantagem estrutural que tem o racismo como princípio ativo. Logo, não existe privilégio branco sem racismo. Ser branco em uma sociedade fundada por um processo colonial racista, tal como a nossa, confere ao branco benefícios materiais e imateriais em todo o corpo social. O racismo precisa ser destruído. Para isso, é necessário que seu combate seja uma pauta essencial das pessoas brancas. Não se trata apenas de abrir mão dos privilégios, mas de denunciá-los para então aniquilá-los. Isso só será possível quando conseguirmos enxergar (e subjetivar) como a supremacia branca mantém seus privilégios.

Leonardo (2004) põe em xeque o privilégio branco ao dizer que é necessário explorar a supremacia branca, visto que ela fornece aporte para a manutenção e a estabilização do privilégio branco em toda sociedade marcada pelo racismo. McManimon (2021, p. 499) concorda:

> O privilégio branco não é a *causa* da opressão racial, mas um *efeito* da supremacia branca: uma construção social, econômica, política, legal, cultural e histórica de dominação com base no que hoje chamamos de raça, promulgada ao longo de centenas de anos de leis, regulamentos, políticas, práticas e crenças.

Portanto, a hegemonia racial branca vem sendo construída, ao longo dos últimos séculos, através da manutenção do poder de determinados setores, que utilizam medidas que visam beneficiar injustamente pessoas de cor branca em detrimento de pessoas não brancas. A distribuição de recursos apenas entre o próprio grupo racial branco assegura privilégios raciais com base no racismo e manipula a supremacia branca em todas as esferas sociais.

Vejamos alguns dados. De acordo com uma matéria publicada em 2021 no jornal *O Globo* (Herdy, 2021), dos 228 militares do alto escalão das Forças Armadas, apenas três se consideravam pretos. É interessante, ainda, resgatar uma cena que ocorreu durante a pandemia de covid-19: o então presidente Jair Bolsonaro participou de um almoço com várias empresárias, acompanhado de diversos ministros de Estado (Wiziak, 2021). A foto que ilustra a matéria, além de mostrar quase todos sem máscara, deixa clara a supremacia branca.

Todos(as) os(as) participantes são brancos(as) e ocupam o ápice da representação de poder, articulando a pirâmide social.

Ambas as matérias mencionadas evidenciam que os cargos de poder são exclusivos para pessoas brancas, sem que isso seja chamado de hierarquia racial. Não obstante, reportagem da Folha de S.Paulo (Narcizo, 2021) mostra que, de 2012 a 2020, na lista da revista *Forbes Brasil*, todas as pessoas que figuraram como bilionárias eram brancas, em sua homogeneidade homens. Voltemos a Leonardo (2004, p. 143), que diz: "[...] a dominação branca nunca é resolvida de uma vez por todas; é constantemente restabelecida e reconstruída por brancos *em todas as esferas da vida*".

A branquitude é o resultado da potência colonial europeia e precisa ser entendida em âmbito global, pois alimenta cada vez mais a ideologia da supremacia branca em todos os países (Frankenberg, 1995). Segundo Laborne (2017, p. 80), "a branquitude funcionaria como privilégio racial, sustentando a chamada supremacia branca, responsável pela dominação de outros grupos raciais". Logo, a supremacia branca é incumbida da construção de valores e significados que elaboram o espectro da branquitude.

Assim, a branquitude é um lugar de vantagem estrutural beneficiado pela supremacia branca. No Brasil, autoras e autores como Maria Aparecida Bento (2002), Lia Vainer Schucman (2012), Lourenço Cardoso (2008) e Liv Sovik (2009) tecem críticas à branquitude brasileira e problematizam os privilégios e a história "oculta" dessa população, como afirma Bento (2014, p. 26): "A falta de reflexão sobre o papel do branco nas desigualdades raciais é uma forma de reiterar persistentemente que as desigualdades raciais no Brasil constituem um problema exclusivamente do negro [...]".

Considerações finais

A lógica de supremacia branca no Brasil é diferente da de países como Estados Unidos e África do Sul exatamente pelo fato de que não precisa ser anunciada por leis discriminatórias e discursos explícitos de superioridade branca. Além disso, essa supremacia foi sistematicamente negada pela alegação de que o preconceito no país estava relacionado à classe. No entanto, contrapondo-se a essa lógica, os estudos que isolaram estatisticamente os fatores ligados à classe

(Hasenbalg, 1979) mostraram que há desigualdades sociais que permanecem e, portanto, só podem ser explicadas quando se introduz o par branco e não branco. Nesse caso, não se trata de recolocar a raça em parâmetros biológicos, mas como construção social que funciona como mecanismo de privilégios, demarcação e hierarquização de grupos.

É possível dizer, ainda, que a supremacia branca brasileira leva a população negra a uma situação de pobreza — e até mesmo de indigência — que constitui, em si mesma, um mecanismo de hierarquização. Além disso, leva a formas de dependência e subordinação pessoal que alimentam o imaginário de "superioridade racial branca" e, portanto, ajudam ainda mais a dissimular o racismo do ponto de vista das ações individuais. O mesmo argumento pode ser utilizado para explicar o caráter de classe da inação dos governos e das instituições com respeito às desigualdades raciais (Guimarães, 1999).

Portanto, tanto a construção ideológica do mito da democracia racial, típico do Brasil, quanto a ideia de mérito que se disseminou ainda mais a partir da década de 1980, com o neoliberalismo, têm constantemente funcionado como retroalimentação para legitimar a supremacia branca sem que ela precise ser afirmada como tal.

É cabível, neste fechamento do texto, retomar Almeida (2019, p. 48), que afirma que a supremacia é "uma forma de dominação que é exercida não apenas pelo exercício bruto do poder, pela pura força, mas também pelo estabelecimento de mediações e pela formação de consensos ideológicos".

Podemos voltar à cena hipotética citada no início deste capítulo, na qual perguntaríamos aos(às) docentes da USP por que não haveria professores negros naquele ambiente. Entende-se, assim, que só existiriam duas formas de responder àquela questão: ou os brancos se acreditam superiores — e portanto os negros seriam inferiores —, ou a resposta apontaria para o racismo estrutural e as discriminações diárias para que aquele fosse o resultado. Quem nega que a maioria dos lugares de poder é ocupada por brancos devido às vantagens estruturais só pode de fato acreditar na superioridade branca e, portanto, usa a chave racista.

Nesse sentido, tanto a ideologia do mérito quanto o mito da democracia racial — o primeiro propagando a ideia de que as pessoas alcançam o poder por esforço e características individuais, e o segundo disseminando a ideia de que há oportunidades iguais — são os consensos ideológicos que sustentam a supremacia branca sem que seja vista como tal. Assim, indivíduos brancos conseguem reconhecer que negros estão em desvantagem no que se refere ao exercício de direitos e, ao mesmo tempo, não assumem que têm vantagens inerentes ao seu *status* como pessoas brancas. Afinal, assumir esse lugar de vantagem estrutural seria reconhecer que meritocracia não existe e que todas as suas conquistas foram realizadas graças à estrutura social racista.

Dissertar sobre os mecanismos que sustentam a supremacia e o privilégio brancos não tem o intuito apenas acadêmico de contextualizar, definir ou demonstrar, mas de elucidar suas formas de perpetuação para que seja possível desmantelá-los. Os estudos críticos da branquitude fazem parte da agenda antirracista; portanto, ao chegarmos até aqui, é fundamental apontar que as estruturas não funcionam sem agentes. Assim, uma engrenagem só pode funcionar com máquinas e sujeitos que a ponham em movimento. Cabe a todos nós a responsabilidade por fazer ruir o que sustenta a supremacia branca.

Referências

ALMEIDA, Silvio. *Racismo estrutural*. São Paulo: Pólen, 2019.

BÉHAR, Alexandre H. "Meritocracia enquanto ferramenta da ideologia gerencialista na captura da subjetividade e individualização das relações de trabalho: uma reflexão crítica". *Organizações e Sociedade*, v. 26, n. 89, p. 249-68, 2019.

BENTO, Maria Aparecida S. "Branqueamento e branquitude no Brasil". *In:* CARONE, Iray; BENTO, Maria Aparecida S. (orgs.). *Psicologia social do racismo — Estudos sobre branquitude e branqueamento no Brasil*. Petrópolis: Vozes, 2014. p. 25-57.

______. *Pactos narcísicos no racismo — Branquitude e poder nas organizações empresariais e no poder público*. Tese (doutorado em Psicologia) — Universidade de São Paulo, São Paulo, 2002.

CASEY, Zachary A. "Capitalism and whiteness". *In:* CASEY, Zachary A. (org.). *Encyclopedia of critical whiteness studies in education*. Boston: Brill Sense, 2021. p. 89-94.

BOARELLI, Mauro. *Contro l'ideologia del merito*. Bari: Laterza, 2019.

CARDOSO, Lourenço. *O branco "invisível" — Um estudo sobre a emergência da branquitude nas pesquisas sobre as relações raciais no Brasil (1957-2007)*. Dissertação (mestrado em Sociologia) — Universidade de Coimbra, Coimbra, 2008.

CHAUI, Marilena. *O que é ideologia*. 2. ed. rev. e atual. São Paulo: Brasiliense, 2021.

CRUZ FILHO, Abdias P. *et al*. "Acesso e permanência na universidade — Uma questão de mérito?" *In:* SILVA, Jailton de S.; BARBOSA, Jorge L.; SOUSA, Ana I. (orgs.). *Práticas pedagógicas e a lógica meritória na universidade*. Rio de Janeiro: Pró-Reitoria de Extensão da UFRJ, 2006.

FANON, Franz. *Os condenados da terra*. Lisboa: Ulisseia, 1965.

FRANKENBERG, Ruth. *White women, race matters — The social construction of whiteness*. Minneapolis: University of Minnesota Press, 1995.

GILLBORN, David. "Rethinking white supremacy — Who counts in 'WhiteWorld'". *Ethnicities*, v. 6, n. 3, p. 318-40, 2015.

GUIMARÃES, Antonio Sérgio. *Racismo e antirracismo no Brasil*. São Paulo: 34, 1999.

______. "A democracia racial revisitada". *Afro-Ásia*, Salvador, v. 60, p. 9-44, 2019.

HASENBALG, Carlos A. *Discriminação e desigualdades raciais no Brasil*. Porto Alegre: Graal, 1979.

HERDY, Thiago. "Sem política de inclusão, elite das Forças Armadas não tem diversidade". *O Globo*, 9 maio 2021. Disponível em: https://oglobo.globo.com/politica/sem-politica-de-inclusao-elite-das-forcas-armadas-nao-tem-diversidade-25009900. Acesso em: 16 jun. 2025.

HOUAISS, Antônio. *Dicionário Houaiss — Sinônimos e antônimos*. São Paulo: Publifolha, 2012.

IPEA. *Atlas da violência 2024*. Brasília: Ipea: FBSP, 2024.

JAFFEE, Annie; CASEY, Zachary. A. "White supremacy". *In:* CASEY, Zachary A. (org.). *Encyclopedia of critical whiteness studies in education*. Boston: Brill Sense, 2021. p. 694-702.

KANTROWITZ, Stephen. *Ben Tillman & the reconstruction of white supremacy*. Chapel Hill: University of North Carolina Press, 2000.

LABORNE, Ana Amélia de P. "Branquitude, colonialismo e poder — A produção do conhecimento acadêmico no contexto brasileiro". *In:* MÜLLER, Tânia M. P.; CARDOSO, Lourenço (orgs.). *Branquitude — Estudos sobre a identidade branca no Brasil*. Curitiba: Appris, 2017. p. 78-90

LEONARDO, Zeus. "The color of supremacy — Beyond the discourse of 'white privilege'". *Educational Philosophy and Theory*, v. 36, n. 2, 2004.

MACMULLAN, Terrance. *Habits of whiteness — A pragmatist reconstruction*. Bloomington: Indiana University Press, 2009.

MAIA, Suzana. "A branquitude das classes médias — Discurso moral e segregação social". *In:* MÜLLER, Tânia M. P.; CARDOSO, Lourenço (orgs.). *Branquitude — Estudos sobre a identidade branca no Brasil.* Curitiba: Appris, 2017. p. 91-104.

MCMANIMON, Shannon K. "Privilege". *In:* CASEY, Zachary A. (org.). *Encyclopedia of critical whiteness studies in education.* Boston: Brill Sense, 2021. p. 492-504.

MCNAMEE, Stephen J.; MILLER JR., Robert K. *The meritocracy myth.* Lanham: Rowman & Littlefield, 2014.

MENDES, M. T. "O mito do mérito — Ensaio sobre meritocracia e qualidade da educação". *Revista Perspectiva*, Florianópolis, v. 36, n. 4, p. 1302-1320, 2018.

MILLS, Charles W. *O contrato racial.* Tradução: Teófilo Reis e Breno Santos. Rio de Janeiro: Zahar, 2023.

MIRANDA, Jorge H. de A. "Branquitude invisível — Pessoas brancas e a não percepção dos privilégios: verdade ou hipocrisia?" *In:* MÜLLER, Tânia M. P.; CARDOSO, Lourenço (orgs.). *Branquitude — Estudos sobre a identidade branca no Brasil.* Curitiba: Appris, 2017. p. 46-59.

MIRZOEFF, Nicholas. "It's not the Anthropocene, it's the white supremacy scene; or, The geological color line". *In:* GRUSIN, Richard (org.). Minneapolis: University of Minnesota Press, 2018.p. 123-160.

MUNANGA, Kabengele. *Rediscutindo a mestiçagem no Brasil — Identidade nacional versus identidade negra.* Belo Horizonte: Autêntica, 2019.

NARCIZO, Bruna. "Listas de bilionários mostram que dinheiro muda de mão devagar no país". *Folha de S.Paulo,* 2 jan. 2021.

SCHUCMAN, Lia Vainer. *Entre o "encardido", o "branco" e o "branquíssimo" — Raça, hierarquia e poder na construção da branquitude paulistana.* Tese (doutorado em Psicologia) — Universidade de São Paulo, São Paulo, 2012.

SILVA, Maurício. "Cotas raciais na sociedade brasileira e a ideologia da meritocracia". *Diálogo Educacional*, v. 17, n. 54, p. 1207-21, 2017.

SOVIK, L. *Aqui ninguém é branco.* Rio de Janeiro: Aeroplano, 2009.

VIANA, Ana Luiza d'A.; SILVA, Hudson P. da. "Meritocracia neoliberal e capitalismo financeiro — Implicações para a proteção social e a saúde". *Ciência & Saúde Coletiva*, v. 23, n. 7, p. 2117-17 jul. 2018.

WILDMAN, Stephanie M. "The persistence of white privilege". *Journal of Law and Policy*, v. 18, 2005.

WIZIAK, Julio. "Bolsonaro e empresárias posam sem máscara em foto do almoço de mulheres". *Folha de S.Paulo,* 30 abr. 2021.

3. Branquitude e decolonialidade após o *apartheid*[1]

Lucy Valerie Graham

Em *Foe*, romance do autor sul-africano J. M. Coetzee, uma inglesa do século 18 chamada Susan Barton se vê náufraga em uma ilha com Crusoé, um aventureiro, e Sexta-Feira, um homem Negro[2] escravizado. Publicado em 1986, no auge do *apartheid*, o romance é um questionamento extremamente consciente das histórias entrelaçadas do colonialismo, da opressão racial e da escravidão. Antes de ser lançada na ilha, Susan esteve na Bahia, aparentemente para encontrar sua filha perdida, e também traçou a rota de pessoas escravizadas através do Atlântico. Ela é firme ao dizer que a história que deseja contar é a da ilha, mas nos dá vislumbres de sua vida na Bahia:

> A Bahia não faz parte da minha história, mas lhe direi tudo que sei. A Bahia é uma cidade construída sobre colinas. Para transportar as mercadorias do porto para seus armazéns, os comerciantes estenderam um grande cabo, com polias e molinetes. Das ruas, pode-se ver fardos de mercadorias pairando pelo cabo o dia todo. (Coetzee, 1986, p. 114)

---

1. Tradução: Camila Yuri Ifuku Mendes.

2. Uso o termo Negro com N maiúsculo seguindo a ideia de Kwame Anthony Appiah no artigo "The case for capitalizing the B in black" [O argumento para colocar N maiúsculo em negro] (2020).

É claro que a Bahia não é uma cidade, mas um estado do Brasil, e a "cidade" da qual Susan Barton fala é Salvador, que pode, de fato, ter tido cabos que partiam do porto e hoje conta com um teleférico, originalmente construído em 1874, que liga as docas e a Cidade Baixa ao bairro de Santo Antônio, na Cidade Alta. Mas a referência à Bahia em um romance que explora a opressão é pungente, já que Salvador sediou o primeiro mercado escravista no Novo Mundo.

Enquanto escrevia este capítulo, lecionei *Foe* e *Uma tempestade* (1969), de Aimé Césaire, dois textos que são reescritas de obras literárias canônicas — *Foe* é uma releitura de *Robinson Crusoé* (1719), de Daniel Defoe, mas da perspectiva de uma mulher inglesa, e *Uma tempestade* é uma releitura pós-colonial da última peça de Shakespeare, *A tempestade* (c. 1609-1611). Ambas as obras têm personagens que são escravizados (Sexta-Feira, em *Foe*, e Calibã, em *Uma tempestade*); ambas se preocupam com o colonialismo e abordam o que eu gostaria de chamar de "correntes decoloniais". Em *Foe*, Sexta-Feira teve a língua cortada — por quem, não sabemos. Isso frustra as tentativas narrativas de Susan Barton: ela tenta contar a história da ilha, mas descobre que tal história "mantém seu silêncio obstinadamente" (Coetzee, 1986, p. 117), pois a ausência em seu centro é a história de Sexta-Feira. A voz de Susan finalmente se perde no romance, pois a última seção apresenta um narrador anônimo que a encontra morta, assim como o autor (De)Foe, também morto — apenas Sexta-Feira vive. O romance então encena dois encontros do narrador com Sexta-Feira.

No primeiro encontro, Sexta-Feira está dormindo em um canto do quarto, seu corpo está quente e há pulsação em seu peito. O narrador coloca o ouvido em sua boca e ouve inicialmente: "o mais fraco rugido distante... o rugido das ondas em uma concha do mar... o choramingo do vento e o grito de um pássaro" (Coetzee, 1986, p. 154). E então: "Da sua boca, sem um sopro, saem os sons da ilha" (*ibidem*). Esse cenário onírico evoca o final de *Uma tempestade* (2024), de Césaire, que difere da peça de Shakespeare em aspectos fundamentais, sobretudo a finalização do terceiro ato. Enquanto em *A tempestade* a palavra final é dada ao mago e "mestre" europeu Próspero, Césaire termina a peça com uma paisagem sonora do oceano e dos pássaros, e a canção de liberdade do Negro escravizado, Calibã:

(*Lá longe, entre o som da ressaca e o canto dos pássaros, ouvem-se os vestígios dos cantos de Calibã*)
A LIBERDADE, AH, A LIBERDADE!
(Césaire, 2024, p. 124)

Tanto em *Foe* quanto em *A tempestade* ficamos com "os sons da ilha" e as articulações dos ex-escravizados e colonizados, o que coloca esses textos em diálogo.

No segundo e último encontro entre o narrador anônimo e Sexta-Feira, o primeiro encontra o segundo no ventre do navio naufragado:

> A massa escura dos destroços é salpicada de branco aqui e ali. É enorme, maior do que o leviatã: um casco despido de mastros, dividido ao meio, coberto de areia por todos os lados. Sua madeira é preta, o buraco que dá entrada é ainda mais preto... No último canto, sob as travessas, enterrado na areia até a metade, com os joelhos elevados e as mãos entre as coxas, venho até Sexta-Feira... Ele se vira e se vira até ficar deitado com seu corpo inteiro estendido, sua face voltada para a minha. A pele esticada sobre seus ossos, seus lábios estão retraídos. Sua boca se abre. De dentro dele vem uma corrente lenta, sem respiração, sem interrupção. Ela flui por seu corpo e se derrama sobre mim; passa pela cabine, pelos destroços; lavando os penhascos e as costas da ilha, corre para o norte e para o sul até os confins da terra. (Coetzee, 1986, p. 157)

No silêncio inicial de Sexta-Feira e nas passagens que tratam da "corrente" que eventualmente flui de sua boca, estão presentes os problemas de silenciar e falar em nome de povos racialmente oprimidos, mas também a potencial ruptura na epistemologia apresentada pelas articulações e perspectivas de conhecimento dos ex-escravizados e oprimidos.

Desde a publicação de *Foe*, que reflete indiretamente sobre opressão racial durante o *apartheid*, a África do Sul se tornou uma sociedade democrática, supostamente não racial ou multirracial. Atualmente, o país tem significados diferentes para pessoas distintas. Alguns estrangeiros ainda pensam na África do Sul, assim como no resto da África, como um lugar assustador, e estremecem ao se imaginarem abandonados ali. Para outros, restam a imagem familiar de Nelson Mandela e o sonho da África do Sul pós-*apartheid* como uma reconciliada "nação arco-íris", um lugar de harmonia multirracial após as primeiras eleições democráticas de 1994.

A realidade, entretanto, é muito diferente dessas bipolaridades. A África do Sul contemporânea é um espaço de conflito. O sonho da "nação arco-íris" foi despedaçado pela crescente desigualdade econômica. O país é hoje o mais desigual do mundo — em virtude do racismo contínuo, dos altos níveis de violência, da misoginia, da violência de gênero, da violência contra membros da comunidade LGBTQIAPN+[3], da corrupção predatória e enredada nas empresas e no governo.

A África do Sul está entre as nações com as emissões de carbono *per capita* mais altas do mundo e sofre com a degradação ambiental devido à extração e ao processamento de combustíveis fósseis; apesar disso, o país é atormentado por interrupções frequentes no fornecimento de eletricidade.

A violência e a negligência do Estado, realizadas sob políticas econômicas neoliberais e medidas de austeridade, levaram a violações dos direitos humanos e massacres dos pobres, como o de Marikana. Em 16 de agosto de 2012, 34 trabalhadores das minas de platina que estavam em greve por um salário digno foram assassinados a tiros pela polícia. Lembremos também a tragédia da Life Esidimeni (subsidiária de uma operadora de plano de saúde), no qual cerca de 1.500 pacientes com saúde mental debilitada e outras enfermidades foram transferidos pelo Estado, em caminhões de gado, de um hospital privado para centros mais baratos, dirigidos por organizações não governamentais: 144 desses pacientes morreram de fome e negligência.

Há inúmeras pendências e feridas não cicatrizadas. Múltiplas vítimas do *apartheid* que, de acordo com os princípios legais da Comissão da Verdade e Reconciliação, deveriam receber indenização por suas perdas e seu sofrimento, ainda não receberam.

Além disso, como Melissa Steyn (2018, p. 9) ressalta, o projeto nacional pós-*apartheid* foi "articulado em termos de reconciliação e não de libertação" e "o acordo negociado garantiu a posição econômica dos sul-africanos

3. Sabemos que a sigla LGBTQIAPN+ tem limitações, como o fato de ter sido usada no Norte Global para especificar certas orientações de gênero que muitas vezes não são tão fixas em diversas culturas, inclusive em sociedades africanas.

brancos", o que "significou que não houve uma inversão simples nas relações de poder, apesar do fim do governo supremacista branco".

As contradições da África do Sul se estendem às nossas universidades, onde certos estudos "científicos" perpetuam o colonialismo e o *apartheid*, em vez de refletir um *ethos* pós-*apartheid*. Em 2019, um artigo revisado por pares, "Age- and education-related effects on cognitive functioning in colored South African women" [Efeitos relacionados à idade e à educação no funcionamento cognitivo de mulheres sul-africanas de cor], foi publicado na revista *Aging, Neuropsychology, and Cognition*, da editora Taylor & Francis. As autoras eram cinco jovens brancas que trabalhavam na Universidade de Stellenbosch. O "estudo" era sobre "mulheres de cor"[4], e no artigo elas argumentavam que, na África do Sul, essas mulheres "têm um risco maior de ter baixo funcionamento cognitivo, pois apresentam baixo nível de escolaridade e um estilo de vida não saudável" (Nieuwoudt *et al.*, 2020, p. 321). O tom eugenista do artigo, mas também suas alegações absurdas, ficam evidentes:

> O desempenho cognitivo é afetado por vários fatores, como idade, escolaridade, sexo, estilo de vida — inclusive fumo e bebida, depressão, atividade social, ocupação e *histórico da doença* [...]. Desses fatores, os mais consistentes são idade, sexo, nível de escolaridade e etnia [...]. O maior declínio cognitivo tem sido consistentemente associado mais às mulheres do que aos homens [...]. Entre as hipóteses para esse declínio acelerado e desfavorável em mulheres estão mudanças nos níveis de estrogênio associadas à menopausa, *cabeças menores*, menor reserva cognitiva e menor nível de aptidão cardiorrespiratória, bem como ocupação e nível educacional [...]. (Nieuwoudt *et al.*, 2020, p. 322; grifos meus)

A afirmação sobre o "histórico da doença" não faz sentido no contexto do estudo, pois este não menciona a que "doença" se refere e, na verdade,

4. Na África do Sul da era colonial e do *apartheid*, o termo "*coloured*" (de cor) era usado para descrever um grupo de pessoas consideradas "mestiças" ou de descendência "mista", diferenciando-as daquelas designadas "negras", "brancas" ou "indianas". A palavra é frequentemente usada para se referir a uma comunidade historicamente falante de Kaaps ou AfriKaaps que vive na província de Western Cape e descende de povos indígenas, de pessoas escravizadas trazidas pelos holandeses da Indonésia e da Malásia e de colonizadores europeus.

afirma que "participantes eram excluídos da pesquisa se tivessem qualquer histórico e/ou sintomas conhecidos de doença(s) crônica(s)" (*ibidem*, p. 323). A frase sobre as mulheres de cor terem "cabeças menores" não é apenas anticientífica, mas também extremamente perturbadora, evocando uma história de eugenia e craniologia do século 19, em que o tamanho e as medidas das cabeças humanas estavam supostamente relacionados ao funcionamento cognitivo. Deve-se observar que, embora o estudo faça afirmações gerais sobre as mulheres, enfocou particularmente mulheres de cor.

Com base em uma amostra reduzida de 60 mulheres de cor, com idade entre 16 e 60 anos, que foram retiradas de uma comunidade economicamente carente em Cape Flats — região notoriamente assolada pela violência de gangues e por um alto nível de violência de gênero —, as autoras a extrapolaram para as mulheres de cor em geral. Como metodologia para avaliar habilidades cognitivas, as "pesquisadoras" afirmam ter usado a "Avaliação Cognitiva de Montreal" e um teste de triagem cognitiva computadorizado, o "CNS Vital Signs". No caso da Avaliação Cognitiva de Montreal, as mulheres do estudo foram "familiarizadas" com as regras do teste durante dez minutos no computador. O "CNS Vital Signs" também foi realizado no computador. Ressalte-se que, devido a suas restrições econômicas, muitas das mulheres tinham pouca experiência com tecnologia.

Valendo-se dos "resultados", que são apresentados em nada menos que seis gráficos de aparência muito "científica", as "pesquisadoras" deduziram que "as mulheres de cor na África do Sul têm não apenas alto risco de doenças cardiometabólicas, mas também [...] de baixo funcionamento cognitivo" (Nieuwoudt *et al.*, 2020, p. 330). Produzido por "pesquisadoras" brancas da Universidade de Stellenbosch, o "estudo" singularmente lembrou a universidade de uma história que ela preferia esquecer: a de ter sido uma instituição que educou e empregou os líderes do *apartheid*.

De fato, Hendrik Verwoerd, o arquiteto do *apartheid*, foi presidente do Conselho de Psicologia Aplicada e professor de Sociologia e Serviço Social na Universidade de Stellenbosch. Além disso, sete anos antes desse "estudo" sobre mulheres de cor, e já bastante introduzida a era pós-*apartheid*, o espírito de Eugen Fischer se tornou o esqueleto proverbial no armário da instituição quando um grupo de docentes descobriu, em um armário, uma caixa com a inscrição "E. Fischer" [Eugen Fischer]. Ali dentro estavam olhos de vidro, do castanho ao azul, presumivelmente feitos para o ensino eugenista de perfilamento racial na universidade. Os professores relataram essa descoberta da seguinte forma:

> Em fevereiro, enquanto lecionávamos no curso de Antropologia Médica para alunos de graduação no Museu Sasol da Universidade de Stellenbosch, fomos confrontados de forma radical com o passado de nossa instituição. Um de nós, Handri Walters, abriu a porta de um armário e encontrou um crânio humano e instrumentos que foram usados para medir tipos de cabelo e olhos humanos no passado. Gravado na caixa de um desses instrumentos estava o nome de Eugen Fischer, eugenista nazista proeminente na Alemanha na década de 1930.

Trazendo à tona estereótipos coloniais que deram vida à "ciência" em uma era de eugenia — inclusive a craniologia —, o estudo de mulheres de cor realizado por pesquisadoras da Stellenbosch não apenas foi publicado em uma revista respeitável como recebeu financiamento da Fundação Nacional de Pesquisa da África do Sul.

Felizmente, por sermos uma população extremamente dissonante, vozes contrárias da academia, como Barbara Boswell, da Universidade da Cidade do Cabo, condenaram publicamente o estudo; outras pessoas escreveram para os editores da revista exigindo que o artigo fosse retratado. Em maio de 2019, os editores retrataram o artigo com a seguinte declaração:

> Embora esse artigo tenha sido revisado por pares e aceito de acordo com a política do periódico, constatou-se que existem falhas graves na metodologia e na apresentação dos dados do estudo original. Em resumo, o artigo contém uma série de afirmações sobre as mulheres sul-africanas de "cor" [...] que não podem ser comprovadas pelo estudo ou pela interpretação subsequente de seus resultados. Dados específicos que seriam relevantes para essas afirmações não foram coletados. Além disso, as referências fornecidas não sustentam as afirmações feitas sobre as participantes do estudo ou sobre as mulheres sul-africanas em geral. [...]
>
> O artigo permanecerá *online* para manter o registro acadêmico, mas terá uma marca d'água digital em cada página com o termo "retratado". (Editores e editora, 2020)

Entretanto, esse não foi um incidente isolado. No ano seguinte, em 2020, Nicoli Nattrass, acadêmica branca do Departamento de Sociologia da Universidade da Cidade do Cabo, produziu um "estudo" de duas páginas, publicado no *The South African Journal of Science*, com o título "Why are black South African students less likely to consider studying biological sciences?" [Por que é menos provável que estudantes negros sul-africanos considerem estudar ciências biológicas?] Segundo ela, a pergunta era: "Por que a biologia da conservação, a zoologia e as outras disciplinas de ciências biológicas têm dificuldade para atrair estudantes negros sul-africanos?" (Nattrass, 2020a, p. 1). Porém, sua metodologia parecia projetada para provar suas conclusões, que apresentavam visões estereotipadas dos Negros. Embora tenha admitido que "desigualdades persistentes no sistema de ensino" tornam "menos provável que [os alunos Negros] atendam aos requisitos de admissão nos cursos de ciências", Nattrass também afirmou que havia outros motivos para sua hipótese, acusando os alunos negros de "valores e aspirações materialistas" e de pouca "experiência com animais de estimação e ações em relação à vida selvagem" (*ibidem*).

Metodologicamente, seu estudo se baseou em um questionário aplicado a um grupo de alunos que almoçava na praça de alimentação da universidade. As "ações dos alunos em relação à vida selvagem" foram deduzidas por meio de, entre outras perguntas: "Você concorda que os seres humanos evoluíram dos macacos?" e "Você gosta de ter estorninhos por perto [na universidade]?" (Nattrass, 2020a, p. 1-2). Sua pergunta sobre "macacos" não demonstra nenhuma sensibilidade em relação às inúmeras maneiras de desumanizar as pessoas Negras na África do Sul e nas ciências, inclusive as sociais. É difícil acreditar que Nattrass não tenha imaginado que essa pergunta fosse incômoda para os alunos Negros. Os estorninhos no *campus* faziam parte de uma questão igualmente tendenciosa, já que esses pássaros são uma espécie invasora e causam incômodo ao roubar o almoço dos alunos. Assim como no estudo "Mulheres de cor", o artigo de Nattrass procurou legitimidade por meio da inclusão de gráficos "científicos".

As refutações ao artigo de Nattrass logo se proliferaram e o assunto tornou-se tema de amplo debate público: mais de 60 matérias nos jornais mencionaram o furor provocado pelo estudo ou o criticaram. O Comitê Acadêmico Negro da Universidade da Cidade do Cabo condenou publicamente o artigo, chamando-o de racista, e o reitor Maano Ramutsindela declarou que a Faculdade de Ciências não endossava o artigo pelos seguintes motivos:

> [...] Esse artigo, publicado como comentário não revisado por pares, não representa as opiniões da Faculdade e da UCT. Embora os desafios de transformação e inclusão em diferentes níveis de estudo na Faculdade de Ciências sejam reais, o artigo não aborda a complexidade das questões de maneira cientificamente rigorosa. A reflexão crítica e a pesquisa minuciosa são necessárias nessa disciplina e em outras, em termos de currículo, pedagogia e prática profissional. Além disso, o artigo faz suposições preocupantes sobre todos os estudantes negros sul-africanos, inclusive os do Departamento de Ciências Biológicas e da Faculdade de Ciências da UCT. Reafirmamos nosso compromisso com a transformação, a inclusão e a boa prática científica na Faculdade de Ciências e lamentamos que artigos como esse não nos ajudem a atingir essas metas. (Ramutsindela, 2020)

O que é extraordinário sobre os estudos de Nattrass e Stellenbosch *et al.* é que a qualidade da pesquisa não foi questionada pelos revisores (no caso de Stellenbosch *et al.*) nem por um comitê de ética (no caso de Nattrass), pois considerou-se ter sido produzida em nome da “ciência”, mesmo quando reproduzia estereótipos racistas. Foi preciso que outros acadêmicos e especialistas questionassem a “cientificidade” desses estudos.

Ao que parece, no artigo sobre “mulheres de cor”, a revisão foi feita às cegas, o que significa que os acadêmicos não sabiam que as autoras eram brancas, mas ainda assim eles não viram nada de questionável no estudo. Em 2019, outro artigo ofensivo e anti-Negro foi publicado: “Intelligence and slave exports from Africa” [Inteligência e exportação de escravizados da África]. No artigo do *The Journal for Interdisciplinary Economics*, os autores argumentaram que:

> Os países dotados de níveis mais altos de capacidade cognitiva tinham maior probabilidade de apresentar níveis mais baixos de exportação de escravos da África, provavelmente devido à capacidade comparativamente melhor de se organizar, cooperar, supervisionar e confrontar os traficantes de escravos. (Asongu e Kodila-Tedika, 2019, p. 145)

Essencialmente, eles afirmaram que apenas africanos "burros" eram capturados por traficantes e que sua "burrice" poderia ser mapeada nos "países" do continente. A ideia é obviamente absurda e anti-Negra, mas isso não impediu que o artigo fosse publicado. Os autores eram africanos Negros, um dos quais professor adjunto da Universidade da Cidade do Cabo. Ele pediu demissão após o escândalo, mas o artigo nunca sofreu retratação do periódico. Com base nesses exemplos, parece que a "pesquisa" anti-Negro pode ser publicada, independentemente de quem sejam os autores, se ela se basear em estereótipos racistas que os revisores são incapazes de questionar.

Em resposta ao artigo de Nattrass, Keymanthri Moodley, professor do Centro de Ética Médica e Direito do Departamento de Medicina da Universidade de Stellenbosch, escreveu um artigo argumentando que o *South African Journal of Science* deveria retratar o estudo em vez de debatê-lo (Moodley, 2020). Entretanto, em resposta às alegações de que haviam publicado um artigo racista, os editores do periódico programaram uma edição especial que respondia a Nattrass, sem retratar o artigo. A edição especial tinha 36 páginas que revelavam uma postura defensiva de Nattrass, aparentemente sem remorso, que afirmou: "Pouco posso fazer em relação à ofensa que meu comentário possa ter causado, a não ser registrar meu arrependimento por tê-lo feito. Mas posso defender e defendo minha pesquisa exploratória e o comentário publicado como ciência social aceitável" (Nattrass, 2020b, p. 4).

Escrevendo para um jornal, Nattrass atribuiu as respostas negativas ao seu artigo à influência do Comitê Acadêmico Negro na universidade e comparou esse grupo minoritário de acadêmicos Negros com a Broederbond — organização secreta que promoveu os africâneres brancos durante o *apartheid*; além disso, comparou a suposta "perseguição" a ela com a perseguição aos judeus durante a Alemanha nazista (Nattrass, 2020c). A ironia de fazer tais afirmações sendo uma mulher branca e beneficiária do *apartheid* claramente escapou a Nattrass. Mas seu artigo precisa ser colocado em outro contexto. Em seu "estudo", ela menciona um "índice anticonservação" como tendo natureza "fallista". Em seu artigo e em outros escritos, o *fallism* é o antagonista, oposto à "ciência" e à conservação, que ela claramente valoriza. Mas o que significa *fallist*?

De 2015 a 2017, as universidades da África do Sul foram abaladas por uma onda de protestos estudantis conhecidos como *fallism*. As *hashtags* que se tornaram sinônimos do movimento — #RhodesMustFall (#RMF),

#FeesMustFall (#FMF) e #EndOutsourcing/ #OutsourcingMustFall — exigiam a remoção da estátua do genocida colonial Cecil John Rhodes da Universidade da Cidade do Cabo, ensino superior descolonizado e gratuito e o fim da terceirização de trabalhadores universitários mal pagos, como faxineiros e seguranças. Os alunos do movimento exigiram mudanças nos currículos eurocêntricos e nas tendências racistas do ensino superior, bem como que o conjunto de funcionários refletisse com mais precisão a distribuição étnica do país, que é majoritariamente Negro.

O *fallism* se tornou uma grave fratura na ideia da África do Sul como uma "nação arco-íris" harmoniosa; e os *fallists*, que muitas vezes eram alvos de brutalidade policial durante seus protestos, se identificaram com o massacre ocorrido em Marikana, quando 34 mineiros Negros em greve e mal pagos foram mortos pela polícia. Os protestos dos *fallists* não foram em vão.

Em 9 de abril de 2015, a estátua de Rhodes foi removida do campus da Universidade da Cidade do Cabo e, em 2017, o presidente Jacob Zuma anunciou que o ensino superior gratuito seria oferecido a famílias de baixa renda, com ajuda de custo (ainda que pequena) para transporte, alimentação, moradia e livros. Os trabalhadores de diversas universidades foram contratados diretamente, o que lhes permitiu acessar benefícios que antes lhes eram negados, embora isso não tenha acontecido em todos os campi — a Universidade do Cabo Ocidental, por exemplo, ainda mantém um sistema de terceirização de trabalhadores de baixa renda. Epistemologicamente, o *fallism* provocou sérios debates e conversas sobre transformação e descolonização nas universidades sul-africanas, que repercutem até hoje.

Entre 2015 e 2017, o *fallism* ganhou grande visibilidade nas universidades historicamente brancas da África do Sul, embora, sem dúvida, as preocupações do movimento tenham sido articuladas e postas em prática previamente por meio de protestos em universidades e faculdades historicamente Negras. Um dos aspectos interessantes do *fallism* entre 2015 e 2017 foi a forma como o movimento se tornou "sem liderança" ao questionar e desconstruir internamente a figura do líder carismático — o homem Negro, cisgênero e heterossexual — que dominava as narrativas históricas na África do Sul, inclusive a da luta contra o *apartheid*.

"I want someone who is going to look at me/ and love me" [Eu quero alguém que olhe para mim / e me ame], escreve a poeta Koleka Putuma, "the way white people look at / and love / Mandela" [do jeito que pessoas brancas olham / e amam / Mandela] (Putuma, 2017, p. 101). Nessas linhas, o humor Negro se mescla com uma crítica ao olhar branco e a determinada narrativa em que um líder carismático, homem cis-hétero, assume o primeiro plano de um movimento político ou de "luta".

Intitulado "1994 — A love poem" [1994 — Um poema de amor], o texto debate o mito da harmonia inter-racial que caracterizou o discurso público sul-africano imediatamente após o *apartheid*. Em vez de apontar uma saída para uma história caracterizada pelo racismo e pela violência, Putuma satiriza a Comissão da Verdade e Reconciliação por meio da referência a "um tipo de amante CVR", antes de falar sobre promessas não cumpridas e sonhos não realizados.

Publicado na coletânea *Collective amnesia* [Amnésia coletiva] em 2017, o poema de Putuma invoca o clima da época no qual surgiu, ou seja, a desilusão com o "nacionalismo arco-íris" e com líderes carismáticos masculinos e a onda de protestos estudantis do *fallism* que irromperam na consciência pública. O movimento se espalhou e se manifestou transnacionalmente, de tal forma que a remoção de uma estátua de Rhodes na Universidade da Cidade do Cabo levou a debates sobre a remoção da estátua de Rhodes na Faculdade Oriel, em Oxford, no reino Unido. E quando Bree Newsome subiu num poste na Carolina do Sul, nos Estados Unidos, para remover uma bandeira confederada, alegou tê-lo feito "em solidariedade aos estudantes sul-africanos que derrubaram a estátua de Cecil John Rhodes na Universidade da Cidade do Cabo" (*apud* Rao, 2017).

O *fallism* foi construído sobre as formas de produção cultural negra de orientação coletiva que o precederam (Mbongwa e Graham, 2022). Inspirando-se em textos culturais e no livro de Michael Hardt e Antonio Negri, *Assembly* (2017), discutimos neste artigo as maneiras pelas quais o *fallism* pode ser considerado um movimento que transita entre ter e não ter "liderança", sob a pressão dos discursos de gênero. Em seguida, exploramos a ideia do *fallism* como movimento "com múltiplas lideranças" e propomos novas formas de teorizar a importância de movimentos sem liderança ou "com múltiplas lideranças".

De forma mais ampla, apontamos que as artes são um espaço de debate e engajamento em constante mudança e que, em sua forma decolonial, nos apresentam práticas emancipatórias em que o bastão do projeto emancipatório

— nas palavras de Césaire (2024, p. 124), "A liberdade, ah, a liberdade!" — é transmitido de um coletivo ou de uma geração para a seguinte.

Os debates sobre decolonialidade, todavia, irritaram muitos acadêmicos brancos, como a própria Nicoli Nattrass. Outro acadêmico branco que se opôs ao *fallism* e aos debates sobre decolonialidade na África do Sul foi o professor de filosofia David Benatar, que escreveu um livro chamado *The fall of the University of Cape Town* [A queda da Universidade da Cidade do Cabo] (2021) — no qual lamenta que o *fallism* e os debates sobre a introdução de um currículo afrocêntrico sejam prejudiciais para uma universidade sediada na África.

As visões de Benatar sobre o *fallism* e a decolonialidade já haviam aparecido publicamente em um artigo intitulado "Those who seek changes must show they are desirable" [Aqueles que buscam mudanças devem mostrar que elas são desejadas] (Benatar, 2015), no qual ele se posicionava contra a "transformação" da demografia e dos currículos universitários, declarando de forma infame: "[...] a África deve demonstrar que tem algo valioso a acrescentar em vez de simplesmente argumentar que tem algo africano para contribuir" (Benatar, 2015). Sem dúvida, essa é uma declaração estranha e distante, considerando que Benatar mora na África.

Antecipando declarações racistas feitas por pessoas brancas na esfera pública pós-*apartheid*, em 2010, outra acadêmica branca sul-africana, Samantha Vice, sugeriu em artigo intitulado "How do I live in this strange place?" [Como eu vivo nesse lugar estranho?] que os brancos deveriam aceitar sua vergonha e seu remorso pelas injustiças do colonialismo e do *apartheid*, além de se comprometer com o silêncio público: "Se *nós* somos um problema, deveríamos talvez nos concentrar em recuperar e reabilitar a nós mesmos. Sugiro que, em razão das peculiaridades da situação da África do Sul, esse projeto pessoal, direcionado para dentro, seja cultivado com humildade e com um [certo tipo de] silêncio" (Vice, 2010, p. 324).

Publicado no periódico acadêmico *Journal of Social Philosophy*, o artigo criou um alvoroço considerável: alguns elogiaram Vice por sua argumentação, enquanto outros lhe enviaram mensagens de ódio e a exortaram a cometer suicídio. Notavelmente, para Vice, o silêncio que ela defendia não significava que ela desistiria da vida acadêmica, mas simplesmente que se comprometeria a ficar em silêncio sobre questões públicas — e sugeria que outras pessoas brancas fizessem o mesmo:

> Se viveria da forma mais tranquila e decente possível, abstendo-se de manifestar opiniões sobre política na esfera pública, percebendo que não cabe a si oferecer diagnósticos e análises, e que os negros devem ter a liberdade de refazer o país à sua maneira. Os brancos tiveram influência e voz pública por tempo demais; agora devem humildemente deixar de expressar seus pensamentos e de gerir outrem. (Vice, 2010, p. 335)

O problema, é claro, é como separar o público e o privado. E, mesmo que todos os acadêmicos brancos tivessem aceitado a posição de Vice, isso não teria evitado os "estudos" racistas pelos acadêmicos brancos aqui mencionados, que poderiam argumentar que estavam simplesmente fazendo seu "trabalho". Além disso, como apontou Mohammad Shabangu, que debateu com Vice sobre o tema — pois concebia que a branquitude era indissociável dos sistemas estruturais e institucionais de privilégio —, o silêncio não é uma forma de confrontar o racismo sistêmico. Shabangu argumentou: "A recomendação de silêncio de Vice parece ser, ainda que de forma não intencional, insidiosa. Permanecer em silêncio reforçará a própria branquitude que se deseja silenciar" (Rhodes University Faculty of Humanities, s/d). Da mesma forma, Marzia Milazzo (2017, p. 557) argumenta que

> estudos como os de Vice, que enquadram o racismo como um dilema moral enquanto silenciam sobre sua institucionalização e a causa central de sua existência e longevidade — isto é, o investimento de pessoas brancas na manutenção do seu poder econômico, político e simbólico — naturalizam ainda mais a supremacia branca.

A questão é que a decisão individual de pessoas brancas de permanecerem em silêncio não faz nada para desmantelar o privilégio branco, que é estrutural e opera em muitos níveis, sobretudo no econômico.

Retornando ao romance de Coetzee, *Foe*, a mulher branca, Susan Barton, observa que não tem o poder do autor branco masculino, Foe/Defoe, mas também está ciente de sua posição de privilégio em relação ao escravizado Sexta-Feira, que não tem língua. Em particular, ela descreve a diferença de poder entre ela e Sexta-Feira como tipos diferentes de silêncio. Os seus silêncios, ela afirma, são "escolhidos e propositais" (Coetzee, 1986, p. 122), uma expressão do poder "de reter" (Coetzee, 1986, p. 123), enquanto o silêncio de Sexta-Feira é "indefeso" (Coetzee, 1986, p. 122). Isso funciona, talvez, como uma crítica à posição de Vice: quando praticado a partir da branquitude, até mesmo o silêncio pode reforçar uma posição de poder. Embora Barton infantilize Sexta-Feira, chamando-o de "uma criança de seu silêncio" — comparando-o assim a um bebê que ainda não aprendeu a falar —, ao final do romance o leitor depara com o corpo vivo e adulto de Sexta-Feira e com o poder do que sai de sua boca, que corre "para o norte e para o sul até os confins da Terra" (Coetzee, 1986, p. 157).

É importante ressaltar que o romance foi escrito em uma época em que os sul-africanos negros eram brutalmente silenciados — pela violência física destinada a esmagar a dissidência e, sobretudo, pela censura da era do *apartheid* (que também afetava as pessoas brancas, embora em menor grau). Mas, claramente, Coetzee antecipou outra época, também antecipada por Cesáire em sua reescrita de *A tempestade*, quando a voz dos colonizados e escravizados produziriam uma ruptura epistemológica e a emancipação poderia ser alcançada.

O problema que Césaire aborda no final de *Uma tempestade* é precisamente o dos colonizadores europeus que permanecem, em vez de retornar ao suposto país de "origem" após a independência de uma colônia do domínio colonial — e não é coincidência que o artigo de Vice tenha o título "Como vivo neste lugar estranho", que indica seu distanciamento do lugar em que ela, como descendente de colonos brancos, vive. Significativamente, enquanto o Próspero de Shakespeare retorna para sua casa em Nápoles, na obra de Césaire o personagem decide ficar na ilha com Calibã, afirmando que seu "destino está aqui" (Césaire, 2024, p. 121) e que somente ele pode impor ordem, sentido e linguagem à ilha: "Sem mim, esta ilha é muda" (*ibidem*).

O final da peça de Césaire nos apresenta um Próspero que envelheceu e está perdendo seu poder e sua relevância, o que representa o fim da supremacia branca. Assim, o autor delineia o dilema das colônias e suas consequências; os colonizadores inicialmente chegaram para "domar" a natureza selvagem e a população local — a chamada "missão civilizadora" —, o que era, obviamente, um disfarce para a apropriação colonial de terras, a extração de recursos, o trabalho forçado e a violência sádica. É interessante que, enquanto o Calibã de Césaire aprecia a natureza e a associa a sua mãe, Sycorax, que é repudiada por Próspero como bruxa, Próspero considera a natureza “impura” e afirma, no final da peça, que é capaz de “jurar que a selva quer invadir a caverna”, que ele precisa “se manter firme” e “proteger a civilização” (Césaire, 2024, p. 123).

O questionamento para as pessoas brancas na África do Sul permanece: como viver no país reconhecendo que são beneficiárias do colonialismo e do *apartheid*, e que o racismo sistêmico continua até os dias atuais? Não há sentido em uma autoflagelação interminável, pois há um trabalho importante que não é meramente individual, mas também coletivo. Em artigo publicado na revista online sul-africana *Brittle Paper*, o intelectual Mukoma wa Ngũgĩ, filho de Ngũgĩ wa Thiong'o[5], observou que os debates nos estudos africanos estavam excessivamente focados em pessoas brancas arrependidas e envergonhadas:

> Se as discussões sobre o privilégio branco na produção de conhecimento africano fossem um desenho animado, ou uma esquete de comédia, é assim que, na minha opinião, elas seriam vistas. O aliado branco continua apontando e rasgando a própria pele. Tornou-se um esporte para os espectadores, apenas para revelar a branquitude se colocando no centro. É uma comédia de erros — africanistas brancos ainda tentando resolver o privilégio branco e o racismo no estudo de um continente que seguiu em frente. (Ngũgĩ, 2021)

Mukoma wa Ngũgĩ, que trabalha na Universidade Cornell, nos Estados Unidos, delineou a ideologia conservadora dos estudos africanos, alegando que ela “parte do princípio de que o estudo ocidental da África é o padrão-ouro da produção de conhecimento e que os acadêmicos vindos de África podem ser legitimados por meio da publicação em periódicos de estudos africanos vindos do Ocidente”, estando “apartada de qualquer forma de defesa representativa” (Ngũgĩ, 2021).

Os aspectos problemáticos do que Ngũgĩ chama de “complexo industrial de estudos africanos autoperpetuador e autorrecompensador” foram revelados de forma mais evidente pela pandemia de covid-19: “Nos Estados Unidos,

---

5. Ngũgĩ wa Thiong'o (1939-2025) foi um escritor e acadêmico queniano que usou sua voz para denunciar as mazelas do colonialismo. Escreveu diversos livros, primeiro em inglês e depois em sua língua materna, o quicuia. [N. E.]

entramos no confinamento — nada mais de chegar de jatinho nas convenções ou, mais precisamente, nada mais de lutar para obter vistos, passagens aéreas, taxas de inscrição com desconto para acadêmicos africanos etc"; porém, "aqueles que estavam no continente rapidamente criaram espaços alternativos, além de todas as outras iniciativas e projetos intelectuais históricos que aconteciam ali" (Ngũgĩ, 2021). Como ele afirma, enquanto os estudos africanos nos Estados Unidos ficaram bastante estagnados durante a pandemia, em África ele viu muitas intervenções impactantes:

> Apenas do meu ponto de vista, vi um grupo de escritores africanos, liderado pelo [escritor sul-africano] Zukiswa Wanner, lançar as bases e construir o [festival literário] Afrolit Sans Frontières. Recentemente, [a revista] *Brittle Paper* reconheceu Wanner como a personalidade literária africana do ano. Vi a *Lolwe Magazine* e a Doek (esta última eleita pela *Brittle Paper* a plataforma do ano) se tornarem realidade. Participei de uma conferência da Associação de Estudos Africanos da África no departamento de Literatura da Universidade de Nairóbi, que comemorou 50 anos de descolonização, na qual ativistas e acadêmicos se reuniram para falar sobre sinergias negras globais radicais. Houve ainda uma conferência de literatura suaíli na Universidade de Nairóbi, e tantas outras (Ngũgĩ, 2021).

Em especial, ele afirma que durante esses eventos "nem uma única pessoa [...] mencionou a ASA [African Studies Association] e o privilégio branco. As pessoas estavam trabalhando, construindo e conversando umas com as outras. As discussões autoflagelantes sobre privilégio branco e estudos africanos ficaram fora do radar do trabalho urgente que estava sendo feito" (Ngũgĩ, 2021). Sua mensagem é nítida: independentemente do que as pessoas brancas façam ou sintam, intervenções acadêmicas e ativistas africanas, no âmbito disciplinar mais amplo dos estudos negros globais, estão vivas e prosperando.

Referências

APPIAH, Kwame Anthony. "The case for capitalizing the B in Black". *The Atlantic*, 18 jun. 2020. Disponível em: https://www.theatlantic.com/ideas/archive/2020/06/time-to-capitalize-blackand-white/613159/. Acesso em: 19 set. 2025.

ASONGU, Simplice A.; OASIS, Kodila-Tedika. "Intelligence and slave exports from Africa". *Journal of Interdisciplinary Economics*, v. 32, n. 2, p. 145-159, 2020. https://doi.org/10.1177/0260107919829963.

BENATAR, David. "Those who seek changes must show they are desirable". *Cape Times*, 17 jul. 2015. Disponível em: https://www.iol.co.za/capetimes/opinion/those-who-seek-changes-must-show-they-are-desirable-1886695. Acesso em: 19 set. 2025.

______. *The fall of the University of Cape Town*. [S.l.] Politicsweb Publishing, 2021.

CÉSAIRE, Aimé. *Uma tempestade*. São Paulo: Temporal, 2024.

COETZEE, J. M. *Foe*. Londres: Penguin, 1986.

EDITORES e editora. "Statement of retraction: "Age-and education-related effects on cognitive functioning in Colored South African women". *Aging, Neuropsychology, and Cognition*, v. 27, n. 6, p. 963, 2019. Disponível em: https://doi.org/10.1080/13825585.2019.1614759. Acesso em: 19 set. 2025.

HARDT, Michael; NEGRI, Antonio. *Assembly*. Oxford: Oxford University Press, 2017.

JACKSON, Abby. "Brazil has tuition-free college — But it comes with a catch". *Business Insider*, 25 jun. 2015. Disponível em: https://www.businessinsider.com/brazil-has-tuition-free-college-but-it-only-serves-a-portion-of-its-citizens-2015-6. Acesso em: 19 set. 2025.

MBONGWA, Khanyisile; GRAHAM, Lucy Valerie. "In the beginning was the collective… Fallism, collectives and 'leaderlessness'". *Safundi: Journal of South African and American Studies*, v. 23, n. 304, p. 170-188, 2022.

MILAZZO, Marzia. "On white ignorance, white shame, and other pitfalls in critical philosophy of race". *Journal of Applied Philosophy*, v. 34, n. 4, p. 557-572, 2017.

MBALI, Mandisa. "Rethinking Maties' apartheid past". *The Mail & Guardian*, 7 jun. 2013. Disponível em: https://mg.co.za/article/2013-06-07-rethinking-maties-apartheid-past/. Acesso em: 19 set. 2025.

MOODLEY, Keymanthri. "Nattrass's article should be retracted rather than debated". *Mail & Guardian*, 19 jun. 2020. Disponível em: https://mg.co.za/education/2020-06-19-nattrasss-article-should-be-retracted-rather-than-debated. Acesso em: 19 set. 2025.

NATTRASS, Nicoli. "Why are black South African students less likely to consider studying biological sciences?" *South African Journal of Science*, v. 116, n. 5/6, 2020a. https://doi.org/10.17159/sajs.2020/7864.

______. "In defence of exploratory research — A reply to critics". *South African Journal of Science*. 2020b, v. 116 (edição especial). 36 p. Disponível https://doi.org/10.17159/sajs.2020/8604. Acesso em: 15 ago. 2025.

______. "Tumult at UCT part 2 — The dangers of allowing the thought police to take over". *News24*, 10 jun. 2020c. Disponível em: https://www.news24.com/News24/opinion-tumult-at-uct-part-2-the-dangers-of-allowing-the-thought-police-to-take-over-20200610. Acesso em: 19 set. 2025.

NGŨGĨ, Mukoma wa. "White privilege in African studies — When you are done, please call us". *Brittle Paper*, 28 jan. 2021. Disponível em: https://brittlepaper.com/2021/01/white-privilege-in-african-studies-when-you-are-done-please-call-us/. Acesso em 15 ago. 2025.

NIEUWOUDT, Sharné *et al.* "Age-and education-related effects on cognitive functioning in colored South African women". *Aging, Neuropsychology, and Cognition*, v. 27, n. 3, p. 321-337, 2020. Artigo retratado. https://doi.org/10.1080/13825585.2019.1598538.

PUTUMA, Koleka. *Collective amnesia*. Cidade do Cabo: uHlanga Press, 2017.

RAMUTSINDELA, Maano. "Statement from the Science Faculty on the article on black students in biological sciences", 4 maio 2020. Disponível em: https://science.uct.ac.za/statement-science-faculty-article-black-students-biological-sciences. Acesso em 19 set. 2025.

RAO, Rahul. "On statues (III)". *The Disorder of Things*, 2017. Disponível em: https://thedisorderofthings.com/2017/08/23/on-statues-iii/. Acessoe m: 15 ago 2025.

RHODES UNIVERSITY FACULTY OF HUMANITIES. Mohammad Shabangu citado em: "Whites should be silent on South Africa's future, debate told". *Rhodes University Faculty of Humanities*, s/d. Disponível em: https://www.ru.ac.za/facultyofhumanities/latestnews/archive/whitesshouldbesilentonsasfuturedebatetold.html. Acesso em: 19 set. 2025.

STEYN, Melissa. "Whiteness — Post-apartheid, decolonial". *In:* NETSHITENZHE, Joel (org.). *Whiteness, Afrikaans and Afrikaners — Addressing post-apartheid legacies, privileges and burdens*. Joanesburgo: Mapungubwe Institute For Strategic Reflection, 2018.

VICE, Samantha. "How do I live in this strange place?" *Journal of Social Philosophy*, v. 41, n. 3, p. 323-342, 2010.

4. Cientistas negras(os) e brancas(os) nas encruzilhadas: sujeitos e objetos políticos e científicos

Cintia Cardoso
Franciéle Garcês

Este capítulo apresenta uma reflexão sobre a branquitude como sistema de poder e mentalidade que define quem é legitimado a produzir conhecimento, reproduzindo a colonialidade do saber. Historicamente, a ciência ocidental foi moldada por instituições que celebravam a superioridade racial e concentravam o poder de validação nas mãos de homens brancos (Hill Collins, 2019). Essa estrutura se manifesta no brancocentrismo — a noção de que apenas outros indivíduos brancos são considerados iguais (Cardoso, 2014) — e se perpetua nas universidades por meio de uma "resistência colonial" que mantém mecanismos de exclusão (Gomes, 2019, p. 228).

A branquitude é um fenômeno global que marginaliza pesquisadores de diferentes origens (Du Bois, 2021), excluindo-os da produção do conhecimento e transformando-os em sujeitos de pesquisa. Sueli Carneiro (2005) descreve esse processo como *epistemicídio*: a anulação e desqualificação dos saberes produzidos por negros e indígenas para que o poder se reproduza. Diante dessa lógica, este texto problematiza o papel de cientistas negros e brancos como agentes na manutenção ou transformação desse *status quo*, propondo estratégias para descolonizar a academia com base nos estudos críticos da branquitude e na teoria crítica racial.

Estratégias neocoloniais de manutenção da branquitude acadêmica

O termo "branquitude acadêmica" está relacionado às estruturas e dinâmicas de poder inerentes às instituições universitárias. Assim como no fazer científico, tais instituições de ensino, muitas vezes, favorecem e perpetuam pontos de vista, saberes, epistemes e valores que estão vinculados à cultura dominante branco-eurocentrada. Em síntese, é possível inferir que esse termo engloba privilégios, normas culturais e paradigmas de pensamento que têm historicamente sido associados ao grupo étnico-racial branco.

No artigo "A branquitude acadêmica, a invisibilização da produção científica negra, a autoproteção branca, o pesquisador branco e o objetivo-fim", Lourenço Cardoso (2022) atribui o pioneirismo dos estudos sobre a identidade étnico-racial branca no mundo a Guerreiro Ramos, na década de 1950, assim como a Cida Bento, esta última no fim da década de 1990.

Os estudos críticos da branquitude oferecem uma perspectiva analítica que, além de abordar a presença da supremacia racial branca, examina a própria concepção de branquitude como posição superior na hierarquia racial, na qual o poder é exercido para classificar os não brancos como inferiores. Segundo essa concepção, a brancura é manifestada tanto na corporeidade quanto na apropriação de privilégios raciais materiais e intangíveis.

Ser branco implica a ocupação de espaços de poder, mas também representa a própria estrutura existencial do poder. Nesse sentido, a identidade étnico-racial branca é construída por meio do desfrute de privilégios, da invisibilidade étnico-racial das pessoas não brancas e das vantagens advindas do pacto narcísico estabelecido entre os indivíduos brancos na sociedade (Bento, 2002, 2022; Cardoso, 2021; Silva, Garcez e Pizarro, 2022).

O paradigma contemporâneo da branquitude reflete uma retórica profundamente antagônica à redistribuição de bens epistêmicos, sociais, educacionais e outros que propiciem justiça social para povos historicamente vulnerabilizados. Tal paradigma contrasta com os modelos anteriores de branquitude ao tentar obstruir a redistribuição não tanto difamando a diferença de grupos étnico-raciais e sociais, mas por sua afirmação hegemônica — isto é, valorizando a diversidade e reconhecendo, em vez de rejeitar, a existência da branquitude.

Assim como as instituições universitárias contemporâneas influenciaram a articulação e reivindicação política de grupos étnico-raciais e sociais minoritários e fomentaram as bases para diluir políticas de redistribuição, elas também desempenharam papel substancial na metamorfose da branquitude em uma construção moderna, que aparentemente incorpora aspectos da diversidade enquanto evita discussões sobre uma redistribuição estrutural.

Ademais, é possível enquadrar as disparidades entre brancos e negros nos campos da habitação, da educação, da renda, da política, da economia, da informação e do encarceramento dentro das margens desse paradigma multiculturalista e antirredistributivo de branquitude (Ferguson, 2014).

Esse "novo" paradigma de branquitude, caracterizado por uma introspecção parcial, porém marcadamente antirredistributivo, não se limita à escala nacional, mas é de caráter global, tendo sido instaurado em resposta aos movimentos descolonizadores, de direitos civis e antirracistas das décadas de 1950, 1960 e 1970.

Em um primeiro instante, podemos conceber o surgimento de formas neocoloniais de governança como os alicerces para esse novo paradigma de branquitude. Similarmente a essa versão de branquitude, o neocolonialismo, em essência, constituiu sistemas de dominação na era pós-Segunda Guerra Mundial que asseguraram seu domínio mediante a aparente concessão de independência e soberania às antigas colônias, ao mesmo tempo que erigiram aparatos institucionais para controlar a economia, os resultados políticos e o exército desses territórios (Ferguson, 2014).

As potências ocidentais reconheceram que qualquer tentativa de reivindicar o controle no antigo modelo colonial resultaria em um confronto denominado "guerra colonial". Por conseguinte, o neocolonialismo representa uma das estratégias pelas quais as nações ocidentais afirmariam seu controle sem incitar revoltas, contribuindo para a formulação de um paradigma emergente de branquitude que poderia reconhecer a independência e a soberania sem jamais alterar a distribuição de recursos (Ferguson, 2014; Nkrumah, 1984).

Ao refletirmos acerca da noção de branquitude acadêmica no contexto universitário, devemos investigar como as estruturas curriculares, os métodos de ensino, as políticas de recrutamento e progressão profissional, as obras de referência científica e a cultura institucional favorecem certas formas de raciocínio, conhecimento e perspectivas alinhadas à cultura branca predominante. Ao mesmo tempo, tal construção marginaliza ou negligencia outros saberes e perspectivas, sobretudo aqueles oriundos de grupos e contextos não hegemônicos.

A crítica direcionada à branquitude acadêmica procura questionar essa preeminência cultural, buscando promover a inclusão de uma diversidade de vozes, saberes e perspectivas nas instituições acadêmicas, mas, sobretudo, enfocar os privilégios sociais, materiais, simbólicos e informacionais (Schucman, 2012) que o grupo étnico-racial branco detém em sociedades construídas sob a ideologia da raça e seu uso para hierarquizar racialmente grupos sociais. Nesse sentido, tal crítica visa desafiar a validade de uma perspectiva cultural e étnico-racial única como padrão universal a fim de enriquecer o ambiente de aprendizado e pesquisa.

Reconhecendo que a academia, assim como outras instituições, é dominada por valores, práticas e perspectivas brancas do fazer científico — as quais englobam dos referenciais escolhidos para a elaboração de um artigo e/ou pesquisa de tese e dissertação às injustiças epistêmicas cometidas contra estudantes, docentes e cientistas não brancos, concretizadoras de desigualdades e exclusão —, entendemos também que os cientistas brancos são agentes socioculturais na manutenção do *status quo* da branquitude acadêmica e na perpetuação de estruturas injustas de poder e privilégios raciais.

Refletindo sobre tais estratégias neocoloniais de exclusão acadêmica e *apartheid* epistêmico (Rabaka, 2010), elencamos algumas que consideramos demarcadoras da branquitude no ambiente universitário.

Em primeiro lugar, cientistas brancos são perpetradores de padrões de exclusão por estabelecer e perpetuar critérios de excelência acadêmica fundamentados em valores e perspectivas brancocentrados, os quais negligenciam, desvalorizam e aniquilam outras formas de conhecimento, experiências e agências de saber de grupos não hegemônicos, relegando-os a um *status* falacioso de “seres sem conhecimento”.

Ao mesmo tempo, tais cientistas se apropriam de conhecimentos tradicionais e ancestrais, considerados periféricos, por meio de um processo opressor que pretende apagar e ocultar as epistemologias dos grupos colocados em lugares de subordinação epistêmica e acadêmica, destruindo simultaneamente as formas de linguagem utilizadas para acessar o conhecimento coletivo (Patin e Sebastian, 2020; Silva, Garcez e Silva, 2022).

Em segundo lugar, dado o histórico das sociedades ocidentais estabelecidas sobre estruturas coloniais do fazer científico, sobretudo com a apropriação de conhecimentos indígenas e africanos, cientistas brancos em geral têm mais acesso a bens epistêmicos (educação, referências, informação) e são detentores de recursos (financiamento, redes de contato, oportunidades de formação continuada, internacionalização de suas pesquisas, convites para publicação, aprendizagem de novos idiomas etc.) que perpetuam desigualdades acadêmicas e científicas entre brancos e negros.

Além disso, os cientistas brancos frequentemente ocupam posições de poder nas instituições acadêmicas, as quais podem ser utilizadas para perpetuar hierarquias que favorecem a perspectiva branca em detrimento de outras não hegemônicas. Nossa inferência se ancora no artigo de Fengyuan Liu, Talal Rahwan e Bedoor AlShebli (2023), o qual comprovou que cientistas não brancos experienciam uma série de disparidades que estabelecem obstáculos à sua inclusão e participação efetiva na pesquisa acadêmica. Utilizando um conjunto de dados composto por um milhão de artigos originados em seis casas editoriais durante as duas últimas décadas, os autores constataram a presença de um número reduzido de editores não brancos, bem abaixo das expectativas considerando a proporção de autores não brancos.

Ainda, os(as) cientistas não brancos(as) enfrentam períodos de espera prolongados desde a submissão até a aceitação de seus manuscritos e, após a publicação, seus artigos acumulam menos citações em comparação com o que seria previsto com base na similaridade textual. As conclusões conferem destaque às modalidades pelas quais os(as) cientistas não brancos(as) são afetados(as) por desigualdades, com potenciais ramificações adversas para sua trajetória acadêmica (Liu, Rahwan e AlShebli, 2023).

Complementarmente, o estudo de Charles Fox, Jennifer Meyer e Emilie Aimé (2023) apontou um corpo significativo de evidências que indica a influência dos preconceitos sistêmicos no processo de revisão por pares no contexto acadêmico. Ao avaliarem a revisão duplo-cega por pares em um periódico científico, obtiveram resultados empíricos que evidenciaram que autores provenientes de países de alta renda e/ou que utilizam a língua inglesa recebem vantagens significativas (um viés positivo substancial) ao serem identificados pelos revisores durante o processo.

Em terceiro lugar, cientistas brancos podem apresentar viés (in)consciente ao avaliar o trabalho e as contribuições de cientistas provenientes de outras origens étnico-raciais ou sociais não hegemônicas, resultando em tratamento diferenciado e falta de reconhecimento a seu par acadêmico.

Em quarto lugar, a falta de representatividade de pessoas negras e de outros grupos sociais e étnico-raciais não hegemônicos como docentes e pesquisadores em instituições acadêmicas pode criar um ambiente monoepistêmico (brancocêntrico) e epistemicamente dependente de conhecimentos oriundos do Norte Global, o que reduz o acesso a perspectivas críticas e à diversidade epistêmica (Carvalho, 2018) de cientistas pertencentes a grupos historicamente negligenciados ao longo da história da ciência, reforçando, dessa forma, o *status quo* da branquitude acadêmica.

Em quinto lugar, a ausência de referenciais e autores de grupos não hegemônicos em currículos, planos de aula e produção científica reflete a tendência histórica de favorecer a produção acadêmica branca e perpetuar a ideia de que as contribuições brancas são mais legítimas ou relevantes, ao mesmo tempo que marginaliza a voz de autores não hegemônicos.

Vinculado a isso, a definição de cânones acadêmicos está relacionada à validação de perspectivas brancas, bem como à predominância de organizar a pesquisa e o ensino em torno da perspectiva brancocentrada e hegemônica, que exclui e minimiza outras formas de produzir conhecimento e compreender o mundo.

Por fim, a ausência de discussões ou abordagens críticas sobre questões étnico-raciais em pesquisa e ensino perpetua as experiências raciais hegemônicas, ao mesmo tempo que possibilita o desenvolvimento do racismo epistêmico e a branquitude acadêmica nos ambientes universitários. Em consequência da falta de abertura para ouvir e valorizar vozes não brancas, o silenciamento dessas perspectivas propulsiona a perpetuação da visão dominante branca nesses espaços.

De posse do entendimento das estratégias neocoloniais supramencionadas para a manutenção da branquitude acadêmica, inferimos que o letramento racial crítico (Ferreira, 2014) — que possibilita a análise crítica da identidade étnico-racial branca estabelecida como norma e suas implicações na fragilização da identidade étnico-racial negra e de outros grupos — pode ser considerada uma abordagem intelectual, social e étnico-racial valiosa para desmantelar estruturas opressivas e discursos discriminatórios, bem como para promover ações antirracistas e antissupremacistas no fazer científico e no ambiente universitário (Silva, Garcez e Pizarro, 2022).

Cientistas negras e negros como atores políticos e epistêmicos na universidade

A realidade social e política exerce influência profunda na construção das ideologias e das visões científicas. Por isso, tanto os cientistas negros quanto os brancos são moldados pelos contextos sociais e políticos que os cercam, e essa influência pode impactar suas abordagens e perspectivas na área científica.

Tal influência, balizada pelas vivências pessoais dos cientistas, pode envolver situações de racismo, discriminação ou privilégio, as quais têm o poder de configurar suas perspectivas e interesses na pesquisa. Cientistas negros debatem epistêmica e cientificamente aquilo que os atravessa enquanto sujeitos sociais, sobretudo quando discutem o fato de ser e estar num mundo em que ser negro é atrelado a tudo que é negativo em sociedades racializadas.

Nesse sentido, alguns desses pesquisadores demonstram inclinação para investigar tópicos relacionados à justiça social e racial e à educação para relações étnico-raciais no ensino e no currículo, entre outros aspectos. Enquanto isso, quando se interessam por discutir as questões vinculadas a humanidades e debates sociais, cientistas brancos escolhem colocar o povo negro no lugar de "objeto de pesquisa", em vez de olhar para sua identidade, realidade e construção de privilégios (Cardoso, 2021, 2022).

Ademais, enquanto os brancos têm acesso a bens epistêmicos e sociais abundantes, na realidade social e política de sociedades racializadas os cientistas negros encontram barreiras adicionais no acesso a esses recursos devido a desigualdades e injustiças sistêmicas, que afetam suas perspectivas de carreira e de pesquisa.

Entre as injustiças estão as epistêmicas, que dizem respeito a situações em que um cientista é submetido a questionamentos ou é desqualificado em relação à sua capacidade de ser considerado um legítimo conhecedor. Portanto, a injustiça epistêmica está intrinsecamente relacionada a qualquer forma de dano que limite ou impeça que uma pessoa seja reconhecida em sua capacidade de adquirir ou ter conhecimento de maneira autônoma (Fricker, 2007; Patin e Sebastian, 2021; Patin *et al.*, 2020).

Enquanto um pesquisador branco conta com a prerrogativa de ser tratado como autoridade epistêmica, o pesquisador negro com agenda de pesquisa sobre o debate racial está sempre sob suspeição de estar equivocado em suas inferências, ou corre o risco de ser reduzido ao *status* de ativista ou radical quando defende intelectual e cientificamente debates étnico-raciais. Nesse sentido, é salutar relembrar que o fazer científico e o ensino não são imparciais. Todos os dias os cientistas escolhem quais pares evidenciar epistemicamente, quais se tornarão referentes em seus estudos e quais serão deixados às margens desse debate.

Por outro lado, cientistas negros(as) nas universidades desafiam os paradigmas científicos hegemonicamente estabelecidos. As discussões científicas encabeçadas por eles(as) advêm da comunidade negra e são criadas para ela, nascidas de problemas relevantes e demandas sociais que a atravessam — como a justiça criminal, o racismo em suas múltiplas formas, a educação e a representatividade —, trazendo uma perspectiva crítica e informada para a pesquisa científica.

Os cientistas negros e negras evocam epistemologias negras e ancestrais na academia como aportes para desafiar conceitos, lógicas e paradigmas científicos estabelecidos sob a ótica colonial e racista, questionando pressupostos e preconceitos que influenciam a pesquisa. Dessa forma, acabam por inserir perspectivas únicas e experiências pessoais no fazer científico, que geram novas descobertas e abordagens inovadoras em diversas áreas do conhecimento. Citamos algumas(uns) cientistas brasileiras(os) e suas inovações epistêmicas.

Lélia Gonzalez, intelectual defensora de um feminismo afro-latino-americano, pioneira na análise crítica do feminismo hegemônico e na reflexão sobre as diversas formas de resistência das mulheres ao patriarcado. Elaborou a categoria político-cultural da “amefricanidade”, derivada da experiência histórica compartilhada de luta entre africanas(os), seus descendentes e os povos originários na região da Améfrica Ladina (Cardoso, 2014).

Beatriz Nascimento, historiadora que criou novos conceitos e abordagens, como a noção de quilombos urbanos — haja vista o apagamento da temática —, além de discutir o racismo e a situação da mulher negra brasileira (Ratts, 2007).

Alberto Guerreiro Ramos, um dos grandes sociólogos e pensadores da condição nacional brasileira, foi pioneiro ao propor os estudos sobre a identidade racial branca. Sua perspectiva sociológica na década de 1940 foi crucial para a prática das ciências sociais no país (Cardoso, 2022).

Abdias Nascimento, intelectual, artista e político. Seu pensamento teve papel fundamental na reestruturação das lutas dos movimentos negros com o quilombismo — conceito científico e histórico-social que nomeia uma das primeiras experiências de liberdade nas Américas. Centrou-se na ideia da identidade afro-brasileira, que reconhece o papel essencial dos africanos e de seus descendentes na construção do nosso país (Guimarães, 2006).

A presença de cientistas negras e negros no campo científico fomenta a representatividade e inspira outros futuros cientistas negros. Ao compartilhar suas histórias e experiências, eles demonstram que a ciência é um campo acessível e que pessoas colocadas à margem da história não só foram pioneiras em diversas áreas do conhecimento como contribuíram/contribuem ativamente para avanços na área. Isso possibilita outras óticas para superar as barreiras e desigualdades que historicamente têm limitado o acesso de grupos étnico-raciais à educação e às carreiras científicas, sobretudo aquelas consideradas tradicionais.

Assim, entendemos que as cientistas e os cientistas negros podem se envolver em esforços para promover mudanças na cultura acadêmica e no fazer científico, sobretudo com pesquisas vinculadas à justiça racial, equidade e responsabilidade social. Além da mudança na própria maneira de se perceber cientista negra ou negro em espaços dominantemente brancos, participar da construção de políticas e práticas voltadas para as instituições acadêmicas pode ser uma das formas de atuar politicamente na realidade social e política que engendra as universidades.

Isso permite influenciar o modo como os cientistas conduzem suas pesquisas, colaboram com seus pares e buscam reconhecimento em seus campos de atuação. Além disso, a elaboração de eventos políticos e a mobilização articulada por tais mudanças promovem cientistas negras e negros como agentes de mudança social, contribuindo para a transformação de paradigmas científicos, a promoção da equidade étnico-racial na ciência e a produção de conhecimento contextualizado.

Considerações finais

Conforme discutido neste capítulo, a ciência não ocorre em um vácuo; ela é formada e influenciada por fatores contextuais, pois os cientistas, como atores históricos, trazem bagagens culturais e ideológicas que moldam a pesquisa. Essa realidade refuta a noção de um conhecimento universal e desvinculado de fatores geopolíticos, como propôs a tradição cartesiana que marcou a produção do conhecimento na era colonial/moderna (Bernardino-Costa, Maldonado--Torres e Grosfoguel, 2018). Nesse cenário, a universidade fortalece o brancocentrismo e reatualiza estratégias neocoloniais para manter o poder do grupo hegemônico, aniquilando conhecimentos não brancos (Regina, 2020).

Esse sistema, que Sueli Carneiro (2005) define como "dispositivo de racialidade e poder", legitima quem pode produzir conhecimento com base na raça, desqualificando intelectuais negras(os) e indígenas. Diante disso, a questão que se impõe é se os cientistas brancos, mesmo os que se declaram antirracistas, estão de fato rompendo com essa tradição quando explicitam seus lugares de enunciação ou se continuam se beneficiando dela.

A descolonização, portanto, exige mais do que vontade política: são necessárias profundas rupturas epistemológicas, políticas e sociais, impulsionadas pela presença de pessoas negras em espaços de poder e decisão. É mister intervir em todos os níveis do tecido cognitivo da academia (Carvalho, 2018) para construir uma universidade que abrace a pluriepistemologia. Nesse processo, a perspectiva negra decolonial — introduzida há muito tempo pelo movimento negro e por cientistas negras(os) — é uma ferramenta fundamental, nascida da experiência periférica para desafiar os vieses históricos e construir uma ciência mais equitativa e representativa (Gomes, 2019).

Referências

BENTO, Maria Aparecida Silva. *Pactos narcísicos no racismo — Branquitude e poder nas organizações empresariais e no poder público*. Tese (doutorado em Psicologia) —Universidade de São Paulo, São Paulo, 2002.

______. *O pacto da branquitude*. São Paulo: Companhia das Letras, 2022.

BERNARDINO-COSTA, Joaze; MALDONADO-TORRES, Nelson; GROSFOGUEL, Ramón (orgs.). *Decolonialidade e pensamento afrodiaspórico*. Belo Horizonte: Autêntica, 2018.

CARDOSO, Claudia Pons. "Amefricanizando o feminismo — O pensamento de Lélia Gonzalez". *Estudos Feministas,* v. 22, p. 965-986, 2014.

CARDOSO, Lourenço. "O branco ante a rebeldia do desejo — A branquitude e o pensamento social brasileiro". *In:* Encontro Nacional de Bibliotecárias(os) Negras(os) e Antirracistas/Encontro Internacional de Bibliotecárias(os) Negras(os) e Antirracistas. Belo Horizonte: ECI/UFMG, 2021. [Conferência]

CARDOSO, Lourenço Conceição. "A branquitude acadêmica, a invisibilização da produção científica negra, a autoproteção branca, o pesquisador branco e o objetivo-fim". *Educação,* v. 47, n. 1, p. 1-24, 2022.

CARNEIRO, Sueli. *A construção do outro como não-ser como fundamento do ser*. Tese (doutorado em Filosofia da Educação) — Universidade de São Paulo, São Paulo, 2005.

CARVALHO, Jorge J. "Encontro de saberes e descolonização — Para uma refundação étnica, racial e epistêmica das universidades brasileiras". *In:* BERNARDINO-COSTA, Joaze; MALDONADO-TORRES, Nelson; GROSFOGUEL, Ramón. (orgs.). *Decolonialidade e pensamento afrodiaspórico*. Belo Horizonte: Autêntica, 2018.

DU BOIS, William Edward Burghardt. *As almas do povo negro*. Tradução: Alexandre Boide. São Paulo: Veneta, 2021.

FERGUSON, Roderick A. "The distributions of whiteness". *American Quarterly,* Baltimore, v. 66, n. 4, p. 1101-1106, 2014

FERREIRA, Aparecida de Jesus. "Teoria racial crítica e letramento racial crítico — Narrativas e contranarrativas de identidade racial de professores de línguas". *Revista da ABPN,* São Paulo, v. 6, n. 14, p. 236-263, 2014.

FOX, Charles; MEYER, Jennifer; AIMÉ, Emilie. "Double-blind peer review affects reviewer ratings and editor decisions at an ecology journal". *Functional Ecology,* v. 37, n. 5, p. 1144-1157, 2023. https://doi.org/10.1111/1365-2435.14259.

FRICKER, Miranda. *Epistemic injustice — Power & the ethics of knowing*. Oxford: Oxford University Press, 2007.

GUIMARÃES, Antonio Sérgio Alfredo. "Resistência e revolta nos anos 1960 — Abdias do Nascimento". *Revista USP,* n. 68, p. 156-167, 2006.

GOMES, Nilma Lino. "O movimento negro e a intelectualidade negra descolonizando os currículos". *In:* COSTA, Joaze Bernardino *et al.* (orgs.). *Decolonialidade e pensamento afrodiaspórico*. Belo Horizonte: Autêntica, 2019. p. 223-246.

HILL Collins, Patricia. *Pensamento feminista negro*. São Paulo: Boitempo, 2019.

LIU, Fengyuan; RAHWAN, Talal; ALSHEBLI, Bedoor. "Non-white scientists appear on fewer editorial boards, spend more time under review, and receive fewer citations". *PNAS*, v. 120, n. 13, 20 mar. 2023. https://doi.org/10.1073/pnas.2215324120.

PATIN, Beth; SEBASTIAN, Melinda. "Ep-i-what? Using the force to understand epistemicide". *Information Matters*, v. 1, n. 11, [s. p.], 2021. Disponível em: https://informationmatters.org/2021/11/ep-i-what-using-the-force-to-understand-epistemicide/. Acesso em: 19 set. 2025.

PATIN, Beth *et al*. "Toward epistemic justice — An approach for conceptualizing epistemicide in the information professions". *ASIS&T: Proceedings of the Association for Information Science and Technology*, v. 57, n. 1, e242, 2020. https://doi.org/https://doi.org/10.1002/pra2.242.

NKRUMAH, Kwame. *Neo-colonialism — The last stage of imperialism*. Nova York: International Publishers, 1984.

RABAKA, Reiland. *Against epistemic apartheid — W. E. B. Du Bois and the disciplinary decadence of sociology*. Lanham: Lexington Book, 2010.

RATTS, Alex. *Eu sou atlântica — Sobre a trajetória de vida de Beatriz Nascimento*. São Paulo: Imprensa Oficial: Instituto Kuanza, 2007.

REGINA, Thaís. "O racismo tem que ser um problema pessoal de todos", diz Jurema Werneck. *Ecoa*, São Paulo, 29 out. 2020. Disponível em: https://www.uol.com.br/ecoa/ultimas-noticias/2020/10/29/o-racismo-tem-que-ser-um-problema-pessoal-de-todos-diz-jurema-werneck.htmURL. Acesso em: 19 set. 2025.

SCHUCMAN, Lia Vainer. *Entre o "encardido", o "branco" e o "branquíssimo" — Raça, hierarquia e poder na construção da branquitude paulistana*. Tese (doutorado em Psicologia) — Universidade de São Paulo, São Paulo, 2012.

SILVA, Franciéle C. G.; GARCEZ, Dirnéle C.; SILVA, Rubens A. "Conhecimento das margens — Da injustiça epistêmica à valorização do conhecimento negro em Biblioteconomia e Ciência da Informação". *Revista ACB*, Florianópolis, v. 27, n. 1, p. 1-19, 2022.

SILVA, Franciéle C. G. da; GARCEZ, Dirnéle C.; PIZARRO, Daniella C. "Cartografias da supremacia racial e da branquitude na biblioteconomia e ciência da informação". *In: Encontro Nacional de Pesquisa em Ciência da Informação*. Anais. Porto Alegre: UFRGS, 2022.

5. O branco aliado e a morte da dialética: análise crítica sociológica, econômica e subjetiva fanoniana numa perspectiva integral

Lourenço Cardoso

A solidariedade na luta contra a opressão e a exploração é muito bem-vinda. É uma prática em direção à afirmação humana. O branco, na sua ação antirracista, se coloca nesse lugar; muitos se definem ou são nomeados, inclusive pelos negros, como aliados, brancos aliados. O principal propósito deste capítulo é justamente questionar de forma ampla a ideia do branco aliado — classificação muito repetida nos espaços universitários e ativistas. Diante de tal consideração, algumas vezes, o branco parceiro (*sic*) demonstra esperar um elogio do negro. Qual é a razão para isso? Por causa de sua atitude antirracista? Assim, o branco antirracista deve ser acarinhado porque realizou uma atitude considerada correta? Acertada do ponto de vista ético, moral e legal?

Isso posto, a ideia de branco aliado nos remete à ideia de branco abolicionista do século 19, aquele que, supostamente ou de fato, lutou pelo fim da escravidão moderna no Brasil. Portanto, ele estaria ao lado do negro: os dois teriam como propósito o fim do trabalho desumano. Uma forma de ordenação inserida no modo de produção capitalista daquela época. Digamos assim, um capitalismo rudimentar do período das caravelas. O capitalismo que implantou em suas colônias um modo de produção escravista ocidental. Com esse propósito, fez uso de uma visão racial racista, entre outras, para implantar sua cultura colonialista. Encontramos, nesse momento, o colonizador, o escravizador — é o homem branco português que exerce o protagonismo (Cardoso, 2020).

Todavia, similarmente aparecerá, no primeiro momento como exceção, o branco anticolonização (*sic*), o branco antiescravização (*sic*), por motivos distintos: razões econômicas ou éticas religiosas, isso para nos restringirmos a essas duas ilustrações. No primeiro caso, a sociedade e o indivíduo ganhariam mais em termos de bens materiais se não houvesse esse modo de trabalho. Na segunda elucubração, todos receberiam mais em termos de bens simbólicos, imateriais e metafísicos em uma sociedade que houvesse suplantado a subordinação de uma pessoa por seu igual. Em outras palavras, para nosso território, seria benéfico o fim da realidade de opressão e de exploração brutal que existia. Dessa maneira, o branco antiescravidão[1] entra em conflito de ideias com o branco escravista. Esse branco antiescravidão será um dos primeiros brancos festejados por algumas negritudes (Munanga, 2004) e branquitudes (Cardoso, 2008). O branco abolicionista em conduta anacrônica será transposto de forma romântica para o nosso tempo. Enfatizo que, neste ponto, optei por mergulhar apenas do século 21 ao século 19.

Posto isso, levanto a seguinte hipótese: um dos primeiros brancos passíveis de receber o título de branco aliado é o branco abolicionista. Trata-se de uma deferência do negro do presente ao personagem do passado. Depois, o próprio branco vai se definir desse modo. Temos muitas amostras disso nos anos recentes. Porém, o branco necessitou do reconhecimento do outro no primeiro momento. Agora, observamos que ele já pode se distanciar dessa legitimação. Ainda assim, sempre lhe será conveniente obter uma avaliação positiva da comunidade negra. Quanto maior credibilidade o branco aliado tiver, mais força terá para suas práticas antirracistas. E, com o tempo, lidará melhor com as críticas justas ou injustas dos negros. Ele se importará com essas apreciações quando sua atitude for sincera, ou melhor, se considerar, de fato, o negro um igual, independentemente de sua classe.

Não tem relevância se foi o negro ou o branco o primeiro a classificar o personagem abolicionista como aliado ou branco aliado. O que importa é que as narrativas do tempo presente adicionam uma característica anacrônica a esse personagem. O abolicionista, ou melhor, o branco abolicionista, em regra, não tinha condições de se aliar com o negro[2], pois ele se mostraria um

1. O branco contrário à escravidão não necessariamente é anticolonial. Aqui, restrinjo-me somente à ideia de branco antiescravidão e não tratarei da ideia de branco anticolonial. Ver Cardoso, 2020.

2. Seja qualquer tipo de negro: brasileiro, africano, escravizado, alforriado etc.

ser desigual, inferior — ou, mais concretamente, o negro africano, o negro "brasileiro", um ser inferior ao branco europeu ou ao branco brasileiro.

A atitude do branco antiescravidão seria de tutelar o negro, partindo do seguinte princípio: o branco seria adulto e o negro, criança. Logo, a criança tem de ser cuidada pelo adulto; ela não tem responsabilidade nem discernimento. O negro deve ser amparado pelo branco, inclusive nas suas lutas para o seu bem individual e coletivo. Portanto, nessa linha de raciocínio, o negro deveria receber apoio, inclusive, na sua guerra anticolonial, pois, já que é infantil, não seria capaz de realizar tal tarefa — isto é, a conquista da própria liberdade — sem o amparo de uma pessoa responsável: o branco.

Um pedido negro desesperado e o Consenso de Washington

A ideia de branco aliado é, na verdade, um pedido negro de ajuda para quem, em tese, tem a possibilidade de colaborar. É uma solicitação para aquele que é seu explorador/opressor. Desse modo, o negro se comporta feito aquele que diz: "Pare de me matar!" (*sic*). Trata-se de uma atitude desesperada de quem teme perder a vida; no entanto, nesse exemplo, o negro se encontra mentalmente quase vencido — esse estado psicológico é um obstáculo para agir a favor de si. Nessa ilustração extrema que apresento, fica evidente a necessidade de que o outro faça por ele (que o outro faça pelo eu). Todavia, o outro se encontra no lado que significa exploração-opressão. O branco faz a sua parte e ganha com isso, ou seja, desfruta sadicamente e tira proveitos materiais da violência brutal imprimida aos negros. Por essas razões, ressaltei que se trata de um apelo negro desesperado ao seu algoz.

O negro segue sua vida com a esperança de que algo aconteça em seu favor. Nessa aflição, seu olhar fica distorcido; assim, se torna mais difícil enxergar a realidade. Feito síndrome de Estocolmo, o negro parece se apaixonar pelo seu sequestrador, o torturador, o abusador. A pessoa vive essa relação insana e alimenta a expectativa de que dias melhores virão. De que se trata? De torturas amenas e exíguos gestos de carinho. Dessa forma, desistir da luta pela liberdade e imaginar-se enamorado pela prisão torna-se uma espécie de válvula de escape mental. Às vezes, a única alternativa que encontramos para continuar sobrevivendo.

O colonialismo e a administração pública no Estado democrático[3] nos levam a uma mentalidade inibida. As instituições fazem isso utilizando seus aparelhos repressivos e educacionais aplicados à população. Obviamente, no Estado colonial a ação é direta, sem maquiagem (Memmi, 1989). No Estado democrático existem sutilezas, burocracias, tecnologias para nos intimidar. Se possível, assassinar nosso espírito de revolta. O negro se torna um ser em pedaços, seu brilho fica fragmentado. Esse negro violentado, quebrado, será o perfil de negro que pedirá socorro ao branco. Em princípio, o branco teria o dever ético de atendê-lo. Em outras palavras, cessar as hostilidades. Entretanto, a agressão ao negro significa a existência social do branco. Se agir de forma oposta, terá de se reinventar, ao mesmo tempo que transforma o mundo que criou a favor de si. O mundo ocidental, o mundo branco, que subordina territórios aos seus interesses imperialistas modernos (Furno, 2022; Lênin, 2021).

O Consenso de Washington é, supostamente, o principal exemplo não bélico com esse objetivo. Trata-se de um receituário econômico sugerido (e/ou imposto) aos continentes latino-americano e africano e a parte da Ásia e da Europa. Tais medidas, digamos metaforicamente, serviram como uma espécie de bomba potente na economia de países como Argentina, Chile, Brasil, Portugal, Rússia, Angola etc. O resultado dessas diretrizes levou ao aumento da fragilidade econômica e bélica de muitos territórios em termos de desenvolvimento industrial-tecnológico, por exemplo. As ações neoliberais colaboraram para o aumento da pobreza no mundo, na medida em que concentraram a riqueza nas mãos de poucas pessoas, sobretudo as que nasceram nos Estados Unidos[4].

Quais são as principais lideranças políticas históricas que simbolizam o neoliberalismo? Trata-se de duas pessoas brancas, fruto da cultura de língua inglesa: Ronald Reagan, presidente dos Estados Unidos, e Margaret Thatcher, primeira-ministra do Reino Unido. Estamos falando dos anos 1980 e 1990, período em que o dólar estadunidense já estava consagrado como moeda-padrão para as negociações internacionais. Um aspecto monetário que fortaleceu de

---

3. Questão: que democracia é essa? Que nível de democracia vivem os pobres da sociedade brasileira? Que democracia é essa para o branco pobre? Portanto, que democracia é essa para o negro? Para o negro da classe alta? Para o negro da classe baixa? No caso da mulher negra e pobre, qual é o nível de sua democracia?

4. Ou se naturalizaram estadunidenses.

forma fundamental a hegemonia dos Estados Unidos, que subordinaram todos os outros países. Preferencialmente atuando pelo braço 1, que é a economia, o sistema permanece totalmente ligado ao braço 2, que é a máquina de guerra, enquanto simultaneamente está relacionado ao braço 3, que é a cultura do entretenimento, expressa sobretudo na cultura musical, cinematográfica e televisiva hollywoodiana.

Isso leva os ícones dessa indústria a serem saudados como "heróis" e mitificados em grandes partes do planeta. É o caso do ator Tom Cruise e da cantora Madonna. Eles precisam somente falar inglês para encantar o mundo com suas *performances* artístico-industriais[5], não necessitam, por exemplo, dominar o idioma espanhol. Os dubladores cumprirão tal tarefa e será suficiente para que seus produtos se propaguem em muitos países. Ou precisam até de menos do que isso: basta apenas incluir legendas. Talvez já seja possível realizar essa tarefa, com competência, ao fazer uso da inteligência artificial[6]. Portanto, cabe ao mundo falar inglês, enquanto eles não necessitam dominar qualquer outra língua, mesmo que seja o francês ou alemão, culturas importantes da Europa. Afinal, a moeda fundamental é o dólar e a língua na qual se fabrica esse dinheiro é o inglês. E se houver algum litígio? Em última instância, a máquina de guerra anglo-saxã será mencionada ou convocada para encerrar quaisquer desavenças.

Daqui se conclui que o branco criou o mundo a seu favor, para ser mais específico, a favor da branquitude anglo-saxã estadunidense e inglesa. Para ser exato, trata-se de uma construção histórico-social e econômica mais benéfica para Washington. Se seus interesses econômicos e militares se chocarem com os dos países do resto do mundo, a solução apresentada é simples: "Estados Unidos em primeiro lugar" (*sic*), lógica verbalizada pelo presidente Donald Trump[7]. No entanto, representa a mentalidade de quase todos os chefes de Estado daqueles países, provavelmente. Afinal, faz parte da

---

5. Artistas negros também se inserem nesse processo de alienação cultural imposta ao mundo pela indústria de entretenimento estadunidense.

6. Cabe destacar que tal inteligência não é inteligência; logo, o nome seria mais propaganda do que realidade. Inteligência de fato complexa é uma característica do ser orgânico, o humano.

7. Classifico o presidente dos EUA, Donald Trump, como branquitude acrítica (Cardoso, 2008).

característica desse cargo defender esse princípio. Porém, diante do tema do ambiente, pode ocorrer uma alteração no discurso, que passa a ser "o planeta em primeiro lugar" (*sic*).

Em outros termos, a política imperialista estadunidense põe em segundo plano os interesses e as necessidades da maior parte do planeta. Em geral, os Estados Unidos ilustram muito bem a concepção de mundo ocidental criado a favor de si. Logo, faz parte dessa lógica prejudicar os outros territórios quando isso lhes favorece. É a mentalidade segundo a qual somente uma nação pode ganhar. Em seus discursos ambientalistas, quando talvez sugira colocar o planeta em primeiro lugar, percebe-se que as palavras do ex-presidente Joe Biden não se sustentam (a realidade cotidiana estadunidense nos revela isso).

Tudo isso significa que as nossas análises carecem de alcance global, não apenas local. Necessitamos de uma metodologia com perspectiva extensiva, não restrita apenas aos aspectos culturais ou econômicos. Defendo que a crítica sobre raça se insere na complexidade da vida social. Assim, para ser realizada de maneira mais consistente, é importante uma análise integral. Pois o negro, ao se rebelar contra o branco e o mundo que ele inventou (*sic*), se insurge contra os interesses econômicos de bilhões de dólares difíceis de calcular[8].

Em outras palavras, estou fazendo menção ao capitalismo da inteligência (*sic*), a forma de produção com desenvolvimento tecnológico de ponta que une a informática e a comunicação (Antunes, 2020). Ou, mais concretamente, vamos tratar da produção dos microchips e de todos os produtos onde eles estão inseridos — mercadorias que encontramos até na sucata das casas de grandes parcelas da população. Esse é o mundo que o branco criou para si (*sic*) numa perspectiva econômica, se ficarmos nesse ponto. Em perspectiva quantitativa, o aliado branco será sempre uma exceção. A tendência é que ele não se alie com o negro contra seus interesses capitalistas de bilhões de dólares. Em regra, ele não vai contra o mundo que inventou, o mundo ocidental, o mundo ocidental branco. O branco se opõe como exceção; todavia, essa atitude não se mostra relevante em termos econômicos. Talvez, no futuro, possa vir a ser mais expressiva com base na seguinte premissa: os humanos fazem a história (*sic*).

---

8. Dinheiro agora significa também operação digital muito difícil de lastrear, ou melhor, de objetivar.

Isso tudo nos leva a concluir que, de forma geral, é provável que o pedido de ajuda do negro ao branco não seja atendido. Quero dizer que o apelo negro não receberá um retorno impactante, no sentido de causar um abalo de fato no sistema brancocêntrico, capitalista, liberal, burguês etc. (Cardoso, 2020; Marx, 2005; Meszáros, 2004). A solicitação dos não brancos para que ocorra a intervenção dos brancos tem eficácia limitada. Talvez signifique, na prática, enxugar gelo (*sic*). Isso é tudo que conseguimos? É evidente que tem importância, apesar do seu alcance tímido. As nossas conquistas, mesmo as pequenas, podem fortalecer nossa esperança de alcançar mudanças maiores ou até mesmo transformações revolucionárias. Desde que jamais nos conformemos com pouco. Todavia, temos de reconhecer que a pauta que estamos colocando é reformista — é o que estamos conseguindo fazer, por enquanto. Mas não convém limitar nossa ambição por alternativas sociais radicais.

Contudo, verdadeiramente, o projeto hegemônico que apresentamos tem o propósito de minimizar certos horrores do capitalismo. O objetivo consiste em atenuar as violências enfrentadas pelos povos originais e pelas comunidades negras, bem como a devastação acelerada das florestas etc. Em resumo, propomos um mundo diversificado e um modelo de desenvolvimento que proteja a natureza. Defendemos um espaço protagonizado pelo ocidental e o não ocidental, pelo branco e o não branco. Para abreviar, o pedido negro desesperado de ajuda ao branco tem pouco efeito prático, ou quase nenhum, em termos econômicos. Perante o exposto, não nos resta outra saída além de continuar lutando para uma transformação imediata da nossa vida e da vida do planeta. Estamos cientes de que os não brancos tendem a ser os mais atingidos pela alternativa neoliberal adotada por muitos países a partir dos anos 1980 — e no Brasil depois dos anos 1990, compete relembrar. Nossas intervenções são mais do que necessárias (Santos, 2011), pois o mundo é horrível e tende a piorar para os pobres.

Fuga do conflito? Não, dialética: fogo nos racistas!

A ideia de branco e negro aliados nos remete à tradição brasileira de fuga do conflito racial (Freyre, 2001; 2010). Não pretendo recuperar aqui as ideias gilberto-freyrianas — o que importa reter é o seguinte: no silenciamento do confronto são os negros e as negras que mais perdem. São eles os violentados, assim como os povos originais, desde sempre. O branco, mesmo quando aliado, é o opressor/explorador. Como vimos, ele ganha muito com isso, recebe em dólar, euro, ouro, petróleo, terra etc., enquanto os jovens negros e indígenas são assassinados sem despertar o clamor, a sensibilidade da sociedade. Uma emoção que pode ser provocada pelos veículos de comunicação tradicionais e pelos mais modernos. A sensibilidade perante aqueles que morrem é seletiva[9]. Em geral, é a morte do branco que mais comove, especialmente se for jovem e rico, enquanto o assassinato do negro é tratado com indiferença em muitos casos.

Estamos cientes disso, o ponto já foi muito abordado em diversas pesquisas acadêmicas e produções culturais (Flauzina, 2006), como a obra dos Racionais MC's. Posto isso, ainda nos gabamos do discurso de harmonia racial brasileira, enquanto quem morre é o indígena, o negro, o outro do branco. O branco aliado sabe muito bem que se encontra no lugar daquele que foi escolhido para viver. Se ele propugna a harmonia, colabora de forma não proposital ou intencional para que o conflito racial e étnico permaneça fatal apenas, ou principalmente, para os negros e indígenas.

Como cantam os *rappers*, "qual a próxima mãe que vai chorar?"[10] A mãe dos brancos classe média e alta, na maioria das vezes, não. A paz do cemitério[11] para os não brancos também é produto da invisibilidade do conflito, é o abraço despolitizado entre o negro e o branco capitalista. O gesto fraterno ocorre depois de tratativas inclusivas liberais com o objetivo de minimizar alguns horrores vividos pela comunidade negra. De fato, o acordo beneficia alguns não brancos e até brancos pobres. Contudo, da mesma forma, pode levar ao ocultamento da crítica. A problematização é fundamental para que possamos projetar alternativas de transformação profunda. O silenciamento do questionar significa a invisibilização do conflito. Isso dificulta os passos

9. Um exemplo marcante disso encontramos na cobertura da mídia referente ao extermínio do povo palestino praticado pelo Estado de Israel, que se iniciou no ano de 2023 sem prazo para terminar.

10. Música "Fórmula mágica da paz", *Racionais TV*. Disponível em: https://www.youtube.com/watch?v=9nUHk06-bX4. Acesso em: 07 jan.2024.

11. Alusão à música do Rappa denominada "'Minha alma". Disponível em: https://www.youtube.com/watch?v=kzjQyKddSYI. Acesso em: 2 set. 2025.

definitivos a favor de todos aqueles que enfrentam diversos tipos de violência diariamente.

Defendo a tese de um mundo melhor a favor de todos (ou para maioria de fato), não apenas para alguns, a burguesia. O burguês branco é o principal defensor de sua lógica liberal, capitalista; trata-se da perspectiva hegemônica mais poderosa do mundo. Portanto, para que possamos nos opor a esse poder assombroso, o confronto é necessário. É essencial. Nesse ponto, São Francisco de Assis e Martin Luther King, de repente, mais atrapalham do que ajudam. Em momentos em que precisamos de Malcolm X e Racionais MC's, não vamos nos fortalecer com Luther King e Raça Negra[12]. A escolha de uma opção teórica e militante pode nos custar muito: é possível que seja fatal. Quando canta "fogo nos racistas"[13] (*sic*), Djonga tem o potencial de nos sugerir igualmente "fogo" em todos aqueles que invisibilizam a dialética, o movimento, o conflito.

"Fogo" nas mentiras repetidas há séculos com vozes brancas e negras. "Fogo" nos racistas e nas metodologias de ocultamento deles. "Fogo" na invisibilidade da dialética. Trata-se da técnica de encobrir o movimento, ou melhor, da prática de silenciamento do choque entre os contrários. No ocultamento do choque opressor/explorador versus oprimido/explorado, o primeiro é favorecido. O discurso de harmonia entre o negro e o branco resume muito bem o que entendemos como branco aliado. A proposta de resolver o antagonismo com afeto é uma das funções dos significados da ideia de branco aliado. Logo, o branco aliado como solução é uma saída conservadora, reformista. Ela obviamente ocasiona mudança: observamos muitas alterações a conta-gotas no decorrer da história. Parto da hipótese de que a transformação substantiva não se faz com abraço entre os rivais. Não com o afeto, não com o contrato capitalista-liberal, mas com o conflito. A conquista dos explorados e oprimidos, como nos lembra Frantz Fanon (1979), se faz com o movimento, a violência. É ela que transforma o Estado colonial em não colonial.

Com base na análise histórica e econômica, pressuponho que não será com carinho, afeto, abraço e psicologia em grupo que resolveremos, de forma

---

12. Grupo musical de samba/pagode muito popular nos anos 1990 por sua música romântica.

13. Música "Olho de tigre", *Djonga*. Disponível em: https://www.youtube.com/watch?v=s5pPKgPS50w. Acesso em: 2 set. 2025.

aceitável, a hostilidade racial. Não será com a Comissão da Verdade e da Reconciliação[14]. Não será com o choro do branco comovido com a história negra[15], não será com propostas líricas bem-intencionadas (ou mal-intencionadas). Não será com leis antirracistas[16]. Concluo que será com a violência contra a violência (Clark, 1963), com fogo nos racistas (*sic*)[17]. E se, por acaso, nos machucam muito as lições que aprendemos com Frantz Fanon e os Racionais? Se tivermos medo da palavra "violência", assim como tememos o termo "revolução", troquemos "violência" por "dialética". A ideia de branco aliado significa romantismo, sobretudo nessa sua característica de harmonização dos contrários. É uma mentalidade ingênua que obstaculiza a dialética. Em outras palavras, o movimento, o vir a ser, nos proporcionará superar nossa condição sociorracial e étnica do presente. Por isso, deixemos o carinho do aliado branco para outro momento. Agora, é hora de fogo nos racistas!

A heroificação branca e o pequeno poder negro

A ideia de branco aliado como solicitação, ou pedido de ajuda negro ao branco, rememoro, coloca o branco como exceção. O branco seria uma pessoa boa que luta contra o outro branco, um indivíduo mau. É de fato uma perspectiva maniqueísta, platônica, que não causa significativos abalos histórico-econômicos na condição social da população brasileira. Esse branco-exceção (*sic*) será festejado pelo negro, por ele mesmo e por outros brancos com perfil "antirracista" semelhante. O branco pode ser até heroificado? Há motivos para isso; afinal, ele pode ser considerado uma pessoa desleal perante sua raça. Em consequência, enfrentará as consequências de sua escolha.

---

14. A Comissão da Verdade e da Reconciliação foi uma iniciativa do presidente sul-africano Nelson Mandela. O objetivo era apurar, mas não punir, os fatos ocorridos durante o *apartheid*.

15. Lembrando que a morte do branco comove muito mais do que do negro. A morte negra não comove o branco e, às vezes, nem o negro, por se tornar corriqueira em territórios coloniais e racistas.

16. Refiro-me às Leis n. 10.639/2003 e 11.645/2008. Trata-se de conquistas importantes; entretanto, constituem realizações liberais que têm seus limites, pois são produto da sociedade brancocêntrica de classes.

17. Sempre com base na História.

De qual infidelidade ele pode ser acusado? Justamente de sua aproximação com o negro. Esse branco pode, inclusive, ser alvo de violência dos seus pares e de negros por ser, digamos na linguagem popular, "amigo de negro" (*sic*). Uma mulher branca, "amiga do negro", pode ser vítima de violência sexual de brancos e negros como punição por se relacionar, ou melhor, por não se recusar a conviver com homens e mulheres negros (Ware, 2004; Cleaver, 1971; Fanon, 1983; Rios e Lima, 2020). Não estamos tratando neste instante de relações românticas entre pessoas e grupos (Fanon, 1979; 1983), mas das consequências do contato inter-racial na sociedade ocidental na história do tempo presente.

Há hostilidades inter-raciais evidentes por causa do racismo. Logo, ao ficar no seu lugar (*sic*), o espaço apartado do negro, o branco permanece numa situação confortável. O seu movimento de contato, de diálogo, de relacionamento com o negro quebra o silêncio, sobretudo ao pautar as tensões raciais. O branco passa a refletir sobre seu lugar como opressor/explorador racial — por vezes, como explorador branco burguês do trabalho negro. Para ilustrar, citemos um bom patrão branco, sensível às vicissitudes da biografia negra. Falemos do colega branco, par afetivo de uma pessoa negra. Lembremo-nos de todos os indivíduos envolvidos, de forma sincera e sentida, na luta antirracista, tanto da perspectiva liberal (igualdade racial) quanto da ótica revolucionária (superação da sociedade capitalista e abolição de raças, classes etc.).

Em geral, tais brancos encontram mais espaços do que os negros para falar, de forma embasada ou não, sobre a questão racial. Têm um raio de ação maior para tratar, digamos, do racismo estrutural (Almeida, 2019). O branco é simplesmente aquele que sempre foram os proprietários: donos das terras e de todos os temas, inclusive os de racismo e antirracismo. Se o branco opta pela pauta antirracista, pode passar a ser considerado digno de medalhas, concedidas até mesmo por organizações negras. Ele pode ser heroificado. Presidente branco da República Federativa do Brasil heroificado, presidenta branca da República Federativa do Brasil heroificada, presidente branco do Supremo Tribunal Federal (STF), presidenta branca do STF. Um presidente negro do STF também foi heroificado; todavia, um negro nessa função é um desvio do padrão.

Presidente do Senado, presidente da Câmara dos Deputados. Muitas vezes, essas personalidades brancas são heroificadas quando fazem um simples aceno positivo na direção do combate ao racismo. São aplaudidos por fazerem o que é um dever ético, moral e legal. As organizações negras fazem questão de realizar tais eventos com o objetivo, de no futuro, conseguir mais contribuições desses brancos poderosos, o que mostra que os negros não têm poder comparável ao dos brancos.

Nessa aliança, seus propósitos serão, especialmente, verbas financeiras, assim como apoio jurídico, logístico, contábil etc. Tudo que for possível para viabilizar seus projetos antirracistas. Diante disso, nessa perspectiva liberal, premiar a suposta benevolência branca antirracista tem sido uma estratégia de aliança negra e branca muito utilizada pelo ativismo negro. Em outras palavras, nessa linha de promoção da igualdade racial, cabe ressaltar que o pequeno poder negro entra em conflito com o grande poder branco (Foucault, 2002; Marx, 2005). O resultado disso é a ausência de propostas revolucionárias. A esquerda branca vive o mesmo dilema.

Contudo, há um princípio ético de luta que nos motiva, o otimismo da vontade ante o pessimismo da realidade (*sic*). A esperança de um futuro outro e melhor nos fortalece para impormos nossa proposta. Um plano que vá além da promoção da igualdade racial. Em suma, recuperaremos a perspectiva revolucionária de Clóvis Moura, ressaltando que suas ideias passaram a ser revigoradas, atualizadas e debatidas, mesmo que mais fora da academia do que dentro. Ainda assim, colaboram com a crítica à produção científica e a renovação do pensamento social brasileiro. Sem dúvida, Clóvis Moura e outros pensadores negros e negras revolucionários são referenciais teóricos necessários. Digo isso para seguirmos na construção de uma sociabilidade superior a esta que vivemos: ocidental, capitalista, burguesa, liberal, neoliberal, brancocêntrica, racista, patriarcal, homofóbica, assassina etc.

O branco herói é um qualquer (*sic*): a classe como obstáculo à igualdade de fato

O branco não precisa ser uma personalidade para ser heroificado na sua luta antirracista. Ele pode ser qualquer um. O simples fato de reconhecer o racismo já o credencia para ser celebrado, sobretudo por negros com complexo de vira-lata. Afinal, vivemos num país onde ainda é forte a narrativa da inexistência do racismo por diferentes razões, entre elas: a) conservar a sociedade como ela é — logo, se houver alteração que seja pouca, uma mudança conservadora; b) obter vantagens raciais, étnicas e econômicas com o racismo; c) manter o questionamento a respeito da subjetividade da branquitude em tom elogioso — assim, o branco persiste em falar bem de si; o branco mau seria o outro branco. Assim, qualquer branco que se coloca contra a fantasia da democracia racial já nada contra a corrente (Fernandes, 1978). Desse modo, pode ser mitificado, transformado em herói simplesmente porque demonstra empatia pelo outro. Quem é o outro?

Como abordei em trabalho anterior (Cardoso, 2020), o outro é o humano que o branco não enxerga como tal por causa da sua pertença étnico-racial. O branco aliado, muitas vezes, está apenas reconhecendo aquilo que é evidente — o negro como humano —, mas por causa dessa obviedade é festejado. O princípio inequívoco de contato entre o branco e o negro consiste no tratamento como iguais, isto é, de forma genérica, como humanos. Em relação ao branco rico e ao negro pobre, a igualdade fica, em virtude da distinção de classes, praticamente nas palavras — característica que vai evidenciar o lugar do negro e o lugar do branco (Gonzales e Hasenbalg, 1982).

Falando em termos genéricos a respeito do grupo branco e do grupo negro, o branco pode se considerar individual e eticamente igual ao negro, mas desde sempre permanece desigual em termos econômicos. No Brasil, o que encontramos se somada a riqueza dos negros ricos e comparada com a riqueza dos brancos ricos? Vale reiterar: o negro rico se torna pobre. A concentração de riqueza branca será muito maior que a riqueza negra — ou, se preferirem, dos poucos negros brasileiros que alcançam a riqueza. Desse modo, a igualdade de fato entre o branco aliado e o negro é separada por uma barreira de classe abissal.

O branco aliado serve para quê? E sim, o capitalismo sobrevive sem o racismo

O branco aliado serve para quê? Cabe reiterar, ele colabora para a luta antirracista numa perspectiva capitalista, burguesa, liberal, neoliberal. Evidentemente, isso não ameaça a sua concentração de riqueza. O acúmulo de capital do branco tem uma relação direta, ou muito próxima, com a exploração do trabalho negro desde o século 16. Todavia, no tempo presente, o negro é um ser dispensável para o mercado de trabalho capitalista. Refiro-me a esta época do capital da inteligência em que um grande número de trabalhadores pertence ao exército de reserva. Ao contrário do que alguns sustentam ao repetir Malcolm X[18], o capitalismo não precisa mais necessariamente explorar os negros, mas os seres humanos em geral, e sempre necessitará do trabalho humano. Atrás da máquina, sem exceção, o humano; antes do objeto artificial, o humano.

O mundo mudou, ficou pior, degringolou para a maioria das pessoas. Ao olhar a realidade, e não redizer *slogans*, observamos facilmente que o negro não é essencial ao capitalismo recente. Essa é uma conclusão grave. A perspectiva de que o negro é fundamental para exploração do capitalismo não se sustenta no tempo presente. O que acontece é que o capitalismo usa o racismo para obter maior lucro, o que é diferente de sustentar a tese de que o capitalismo precisa do racismo para existir. Tal perspectiva trágico-otimista não tem se sustentado. Em que ponto chegamos? É muito triste, o capitalismo não tem necessidade do racismo, o negro é um ser dispensável para os meios de produção do trabalho contemporâneo em inúmeros territórios. A branquitude de ultradireita (branquitude acrítica) em diversas partes do mundo já se movimenta sob essa premissa. A próxima a seguir essa trilha será a direita branca neoliberal, segundo a minha hipótese.

O tema raça e capitalismo na sociedade do conhecimento é mais danoso do que aparenta para os não brancos de diversas partes do globo. A contradição que igualmente se apresenta é a seguinte: o número de brancos diminui em países como os Estados Unidos, ao mesmo tempo em que cresce o número de não brancos[19]. O tema raça-capitalismo tornou-se mais perigoso? Afinal, muitos não brancos deixaram de ser necessários para o funcionamento da sociedade burguesa. A época da acumulação primitiva do capital já passou (Marx, 2005). Além disso, nas relações internacionais, o período dos exércitos numerosos foi suplantado pela era da tecnologia bélica, após o uso das bombas nucleares lançadas em Hiroshima e Nagasaki (Hobsbawm, 1994).

---

18. "Não existe capitalismo sem racismo" é uma frase atribuída a Malcolm X muito popular nas discussões entre raça e classe no Brasil.

19. Conforme dados do Censo estadunidense. Disponível em: https://data.census.gov/table/ACSDP1Y2017.DP05?q=United%20States&table=DP05&g=010XX00US&lastDisplayedRow=29&vintage=2017&layer=state&cid=DP05_0001E. Acesso em: 2 set. 2025.

Dito de outra forma, se utiliza menos gente até para que um país entre em guerra com outro. Desse modo, o número de *pessoas matáveis* (*sic*) aumenta a cada dia, ao mesmo tempo que as pessoas que fabricam a morte diminuem cada vez mais. Para terminar, muitas pessoas na sociedade capitalista global são também jovens brancos ocidentais descartáveis no auge do seu potencial produtivo. Se tal fenômeno alcança os brancos de todas as classes? — primeiro a classe branca pobre, incontestavelmente —, imagine os negros e os povos originais. Somos muitos no planeta, somos muitos em alguns países, somos matáveis! Estão nos matando: o morticínio sempre alcança primeiro os não brancos.

O tipo ideal de aliança branco-negro: abraço sem distribuição de renda

O branco aliado tem a função social de trabalhar para si em termos conjunturais. Se, por acaso, os interesses coincidirem, atuará junto com os não brancos, por exemplo, na pauta ambiental, um tema que explicitamente afeta todos nós (Jacobi, 2003). Uma das discussões referente a esse assunto diz respeito às gerações futuras. Talvez, em consequência disso, encontremos muitos obstáculos para a efetivação de medidas substantivas concretas e imediatas para diminuir a poluição, por exemplo. A pauta do ambiente também aparece quando tratamos da ideia de desenvolvimento sustentável (Oliveira, 2009). A nomeação é um paradoxo em si: a etapa de produção capitalista se desenvolve com a fabricação de produtos civis e militares que causam danos, por vezes irreparáveis, ao nosso planeta. Mais concretamente, o crescente surgimento de ilhas de lixo nos oceanos, a imensurável quantidade de plástico que utilizamos, o lixo nuclear etc. Precisamos procurar com urgência soluções para todos esses problemas. As mudanças climáticas que afetam o nosso bem-viver já se apresentam. Aquilo que aparentava ser um problema das gerações vindouras já nos alcançou aqui e agora.

No entanto, o branco capitalista, que lucra muito com essa sociedade, pode se aliar com os povos originais a fim de tratar melhor o nosso planeta. Alguns almejam diminuir a devastação no espaço global; nesse ponto, se aproximam dos povos tradicionais. É outra contradição da sociedade capitalista expressa no seguinte dilema: como seguir em frente sem destruir consideravelmente a Terra? O debate se encontra em curso; o poder maior para realizar transformações efetivas está nas mãos dos brancos e dos não brancos asiáticos. Melhor dizendo, trata-se de ações ou omissões políticas e econômicas de pessoas poderosas que vivem na América, na Europa e na Ásia.

E quanto aos interesses coincidentes do branco aliado com o negro? Cabe recapitular que a principal pauta concretizada é o antirracismo numa perspectiva liberal. Trata-se de um tipo de contato racial em que o branco empresário pode lucrar, bastando para isso colar no seu negócio o selo antirracista. Assim, aumenta a venda dos seus produtos ou até mesmo justifica o aumento do preço de suas mercadorias. Temos de considerar também a possibilidade de que ocorram efeitos indesejáveis: a empresa pode ser acusada de favorecer injustamente o negro. Trata-se de um discurso de protesto que pode ser proferido sobretudo pela direita e pela ultradireita, e também pela esquerda.

Cabe mencionar que ao colaborar com a luta antirracista, o branco aliado favorece a sociedade, o planeta. No entanto, primeiro, beneficia a si mesmo, até do ponto de vista subjetivo, pelo prazer de fazer o bem ao outro. Como canta Raul Seixas, "o meu egoísmo é tão egoísta que o auge do meu egoísmo é querer ajudar[20]" (*sic*). Existem alguns brancos aliados com esse perfil, digamos, "egoísta", ou melhor, narcisista, envolvidos nas causas sociais (Cardoso, 2020). Refiro-me àqueles que possuem tudo e ainda querem mais. Esse é o caso de alguns brancos ricos e de celebridades. O que lhes resta? O que poderiam fazer? Uma alternativa é o envolvimento nas lutas a favor de justiça.

Os brancos estrelas, inclusive, aceitam convites para dar palestras em eventos organizados pelos movimentos LGBTQIAPN+, indígenas, negros etc. Um de seus temas preferenciais é o empreendedorismo. O aliado celebridade, muito orgulhoso de si, vai até as favelas, por exemplo, para ensinar o pobre a vencer na vida (*sic*). O rico ensina o pobre a prosperar, assim como ele progrediu. Mas, afinal, como ele obteve sua ascensão social? Às vezes, apenas herdou; em outras ocasiões, sua branquitude o favoreceu. E quanto ao branco pobre que enriqueceu? Por mais difícil que tenha sido sua vida, seu pertencimento étnico-racial não o prejudicou. Sua branquitude, inclusive, colaborou para algumas de suas conquistas materiais (Ware, 2004).

---

20. Canção "Carpinteiro do universo", *O Baú do Raul*. Disponível em: https://www.youtube.com/watch?v=gPI_UX1qnBg. Acesso em: 2 set. 2025.

Posto isso, será justamente esse branco, o branco-estrela ou o branco bem-sucedido em alguma coisa, o professor de sucesso do negro da periferia. Portanto, para que este obtenha ascensão social, basta ouvi-lo com atenção e aplicar suas lições. É fato que certa mobilidade realmente pode acontecer. A educação é um dos instrumentos que nos possibilitam isso; todavia, o acontecimento não advém de palestras despolitizadas sobre temas capitalistas. A perspectiva neoliberal é danosa à classe baixa, pois é a teoria que resulta na destruição dos direitos trabalhistas (Antunes, 2020), por exemplo. Além disso, leva o pobre a acreditar que é empresário, enquanto vive uma condição de trabalho extremamente precária.

Nessas visitas dos brancos aliados às comunidades, é improvável que o tema da distribuição de riqueza seja abordado. Mesmo porque o branco aliado, célebre ou anônimo, não costuma propor uma política antirracista que signifique a divisão mais justa dos ganhos do país. Ao visitar uma favela, o branco de classe média e alta fica mais exposto à desigualdade econômica. Todavia, é possível que sua palestra sociopolítica chegue ao máximo ao seguinte tema: "seja o patrão de si mesmo" (*sic*). Ou melhor, a lógica neoliberal culparia o pobre por estar desempregado — afinal, ele pode trabalhar entregando comida ou como motorista de Uber (Antunes, 2020).

Enfim, a prática antirracista dos aliados brancos, célebres e menos conhecidos, consiste em projetos interessantes. Contudo, são propostas afastadas de qualquer perspectiva de divisão de renda, ou seja, planos distantes do combate à desigualdade social de forma efetiva. Isso tudo significa que teremos, quase sempre, um sim (*sic*) para o abraço do branco aliado e um não (*sic*) para os questionamentos radicais sobre a concentração de riqueza nas mãos da branquitude. Resta apenas dizer o seguinte: a aliança entre o branco e o negro persiste em palavras de afeto, mas sem a partilha dos bens.

Perspectiva global: imperialismo, economia bélica, Níger e branquitude

A aliança entre negros e brancos ocorre com aqueles que estão na administração pública e privada. O acordo acontece tanto com os brancos que se encontram no Estado quanto com aqueles que estão nas corporações privadas nacionais e transnacionais. Essa negociação racial se insere na mentalidade liberal burguesa; portanto, o principal objetivo da parceria consiste na obtenção de recursos para as iniciativas de promoção da igualdade racial. Logo, o interesse fundamental a ser defendido será a propriedade privada (Chevallier, 2002). Os brancos com que (nós, negros) nos aliamos, refiro-me aos bem-intencionados, têm suas motivações éticas, políticas, pessoais, espirituais, materiais etc. Por isso consideram importante participar da luta contra o racismo[21], fenômeno social praticado pelo seu próprio grupo. Como vimos, o limite da atuação do branco aliado esbarra na partilha de riquezas.

O lucro vem em primeiro lugar. Se possível, vão inventar uma maneira de obter dinheiro com as causas sociais, como a luta das populações indígenas e da comunidade negra, por exemplo. Nessa ótica, entre a escolha do interesse da nação e a maior possibilidade de ganho, optam pela segunda alternativa. Essa é justamente a mentalidade da burguesia que atua no capitalismo dependente (Marini, 2000). Em outras palavras, o neoliberal brasileiro e de outros países do Sul Global se subordina aos interesses dos Estados Unidos; tal atitude de capacho não lhe parece um problema. Evidentemente, ele lucra com isso, embora algumas de suas ações possam entrar em choque com os interesses nacionais, levando-nos à desindustrialização, por exemplo.

Os empresários que atuam com conforto no capitalismo dependente, em geral, têm carência de amor-próprio (Fanon, 1983; Cardoso, 2020). Eles se comportam feito vira-latas (*sic*), quase sempre servis aos interesses que vêm de fora. Para esse tipo de pessoa, qual é o maior valor que existe? Encontra-se em outro lugar, fora do seu país. Evidentemente, com essa mentalidade não é possível construir uma nação soberana. Na perspectiva neoliberal, a ideia de desenvolvimento nacional é considerada uma abordagem exótica, arcaica, ou seja, uma proposta ultrapassada. Qual seria o melhor caminho, aquele mais moderno? Exatamente o capitalismo dependente (Cardoso e Faletto, 2004), ou melhor, que sejamos realmente animais domésticos dóceis dos Estados Unidos e de outros países com capitalismo desenvolvido.

---

21. Cabe mencionar que muitos brancos de esquerda entram nos movimentos sociais por não considerarem mais possível o caminho da revolução.

Posto isso, de certa forma, relatei nos parágrafos anteriores o pensamento da direita brasileira branca e negra e de outras pertenças étnico-raciais. A esquerda pensa diferente; sua ótica, em alguns pontos, pode ser oposta. E quanto à questão da soberania nacional? O branco e o negro de esquerda podem defender o nacionalismo e o internacionalismo de maneira relacionada, ou seja, o nacionalismo como etapa para o internacionalismo. Melhor dizendo, a defesa da soberania nacional colaboraria para a construção social de um mundo sem barreiras. Feita essa ressalva, cabe lembrar que a hegemonia do pensamento daqueles que atuam nas instituições privadas é de direita, sendo alguns de ultradireita. Portanto, especialmente a branquitude acrítica defende com alegria as pautas estrangeiras.

Reitero, para eles, o valor é o outro, o brasileiro aprendeu isso com a indústria cultural estadunidense, sobretudo com as empresas de audiovisual e da música (Ware, 2004). Também é preciso considerar o impacto da língua inglesa e do dólar em nossa cultura. Essa moeda significa um ponto de contato internacional extraordinário. Tal dinheiro possibilita inúmeras trocas comerciais e relações culturais e afetivas em todos os cantos do planeta. Qual é a língua planetária, afinal? Qual é a moeda mundial? Em tese, nenhuma; na realidade, os Estados Unidos nos impuseram sua língua[22] e depois atuaram para que sua moeda se tornasse indispensável no espaço global (por enquanto). Realmente, é um poder extraordinário, que colabora com o vigor da economia estadunidense. A China é o país cujo crescimento econômico pode ultrapassar o dos estadunidenses, tornando-se a nação mais rica do planeta (Jabbour e Gabriele, 2021). Mesmo assim, os chineses estão longe de ameaçar o imenso poder dos Estados Unidos, que vai muito além da sua economia e da sua máquina de guerra. O domínio cultural que eles impõem ao mundo é impressionante.

De fato, a nação norte-americana é a mais poderosa do mundo desde o fim da Segunda Guerra Mundial. O país tem como característica uma atitude beligerante desde sempre; sua máquina de guerra é importantíssima para sua economia e seu desenvolvimento industrial, como vimos. O estadunidense é *expert* em lucrar com as guerras, e sua tecnologia civil foi impulsionada pelo

---

22. A Inglaterra iniciou o processo. A cultura anglo-saxã imposta ao mundo é uma das características do imperialismo.

seu conhecimento bélico técnico-científico (Hobsbawm, 1994). Sua tecnologia militar sofisticada, sua arte de ferir e de matar fazem parte de sua história, de sua cultura, de sua identidade. Seus filmes e seriados retratam bem isso, mas falseiam a realidade, pois eles são sempre retratados como heróis. O estadunidense, sobretudo o branco, representa a valorização fantasiosa de si em detrimento do outro. O branco americano é o herói, na medida em que o outro, o estrangeiro, é, quase sempre, o vilão. Quem são os criminosos? No passado recente, foram os russos, os cubanos, os árabes. Hoje, são esses e mais alguns.

Em suma, nas últimas décadas, os Estados Unidos entraram em confronto com Coreia do Norte, Vietnã e Iraque. E renovaram suas rusgas contra Cuba, Rússia, China, Irã, Afeganistão, Venezuela etc. Os países do Sul Global não conseguem sequer fazer que o governo estadunidense acabe com o bloqueio econômico contra Cuba. Os países periféricos acabam por corroborar as vontades estadunidenses, ou se omitem. Depois do colapso da União Soviética e o fim da Guerra Fria, os estadunidenses exercem uma política imperialista (Lênin, 2021; Furno, 2022) praticamente sem freios até hoje[23].

A frase religiosa "seja feita sua vontade" (*sic*) se aplica literalmente à relação Estados Unidos-Sul Global. Os brancos de direita, os de ultradireita[24], não se importam com isso; afinal, muitos deles gostariam de ser estadunidenses, e não brasileiros. Nessa observação igualmente se encaixa o negro de direita e ultradireita. É a esquerda branca e negra que critica com veemência o imperialismo e o complexo de vira-latas de muitos brasileiros. No entanto, cabe ressaltar que o branco de esquerda e o negro também apresentam fortes indícios de carência de amor-próprio. O revolucionário ideal deles, em geral, é uma personalidade estrangeira, especialmente da Europa. Também aprendemos o vira-latismo nas universidades, com seus currículos brancocêntricos (Cardoso, 2020). Todavia, a academia tem sido cada vez mais questionada,

23. Com o poderio bélico da Rússia e o desenvolvimento econômico e bélico da China, os Estados Unidos requerem maior cautela em sua abordagem internacional unilateral, pois os dois países se colocam contrários a essa postura de forma explícita, defendendo, assim como a Índia, uma abordagem multilateral nas relações internacionais (León, 2025).

24. O ex-presidente brasileiro de ultradireita constitui uma branquitude acrítica que bate continência para a bandeira dos Estados Unidos.

sobretudo com o aumento da entrada de negros, negras, indígenas e quilombolas nas universidades. O marco temporal dessa mudança se deu nas duas primeiras gestões do presidente da República Luiz Inácio Lula da Silva (2003-2006 e 2007-2010).

E quanto às questões geopolíticas globais? Há inúmeros conflitos no mundo, e Rússia, China, Brasil e a África do Sul têm insistido no discurso para que os interesses internacionais sejam tratados com uma abordagem multilateral. Os Estados Unidos, do alto do seu poder, insistem nas suas ações unilaterais, desprezando inclusive a Organização das Nações Unidas (ONU). Seus interesses, insisto, vêm em primeiro lugar, independentemente do presidente da República que estiver sentado na cadeira, mesmo que isso cause danos gravíssimos ao planeta e aos outros países. Afinal, quem tem força para impedi-los? Infelizmente, de forma concreta e imediata, ninguém ainda tem tal poder. Assim, os conflitos globais recebem os encaminhamentos que a nação imperialista decide. Claro que há uma preocupação com a Rússia e a China. E, quanto à diplomacia, convém manter a boa relação com a Inglaterra e a União Europeia. A relação é cordial, mas quem tem maior força decisiva são os Estados Unidos.

Desse modo, blocos econômicos e culturais como União Europeia, Mercosul e União Africana, além da maior parte do Oriente Médio, são influenciados pelos Estados Unidos em seus conflitos internos e externos. Em resumo, grande parte do mundo é persuadida a obedecer — ou literalmente obedece aos políticos republicanos e democratas, além de militares, empresários e, na maioria, brancos estadunidenses. Os não brancos constituem exceção, ou melhor, a burguesia branca do país, na prática, influencia de forma excessiva — ou simplesmente manda em — grande parte dos territórios. Portanto, a branquitude estadunidense influencia fortemente o desenrolar das guerras que acontecem no mundo, sobretudo na África, na Ásia e na Palestina. Trata-se de imensos territórios onde morrem milhões de pessoas não brancas. E muitas vezes fechamos os olhos para esses óbitos.

Qual morte nos comove? Em geral, como vimos, a de pessoas brancas ocidentais. Os estadunidenses nos influenciam por meio das notícias e do entretenimento. É público e notório que nos sensibilizamos com os corpos de estadunidenses e de israelenses, enquanto os cadáveres dos palestinos não nos afetam da mesma forma. Mesmo porque as mídias ocidentais divulgam as notícias sempre numa perspectiva favorável aos interesses de Israel e dos Estados Unidos. Mais do que nos persuadir, eles nos manipulam (Chomsky, 2002).

Um bom exemplo dessa dinâmica é o Níger, nação africana na região do Sahel. Em 2023, um levante popular liderado por militares derrubou o presidente do poder. O governante deposto era acusado de administrar o país favorecendo os interesses da França — sua antiga colonizadora — em detrimento de seu próprio povo, mantendo uma relação neocolonial similar à que Paris tem com outras ex-colônias na região, como o Mali. O Níger é um Estado paupérrimo, mas continua sendo superexplorado pelos franceses. No país, a moeda utilizada é o franco[25], que não é mais usada na França, onde foi substituída pelo euro.

O Níger é um país que tem reservas de urânio, produto que era utilizado, entre outras coisas, para produção de energia elétrica do seu ex-colonizador europeu, enquanto muitos nigerinos não contam com luz elétrica e vivem em condições de pobreza aguda. O levante popular interrompeu imediatamente o fornecimento dessa sua riqueza para o estrangeiro. Do mesmo modo, ordenou que os soldados franceses abandonassem o território imediatamente. Os militares quase sempre têm a tarefa de controlar o povo africano. Resta mencionar que os Estados Unidos têm uma base militar nas proximidades e apoiam a França; logo, se opõem à mudança de poder (Prashad, 2023; Farinelli, 2023) que pretende defender os interesses da população do Níger.

Os franceses foram cruéis colonizadores dos africanos (Memmi, 1989), tendo agido de forma absurdamente desumana. Contudo, agora reclamam quando as nações soberanas, como é o caso do Níger, querem se afastar deles. Além do mais, os africanos, por inúmeros motivos, nutrem um ressentimento forte em relação aos europeus. Tal sentimento é renovado, cotidianamente, em virtude da relação parasitária que a França exerce com o Níger. Um país rico europeu que suga até as últimas energias de um país pobre africano: trata-se de uma relação econômica e cultural, em todos os sentidos, colonialista, de

25. O "franco africano" (*sic*), ou, para ser preciso, o franco CFA é a moeda que circula em 12 ex-colônias da França: Camarões, Costa do Marfim, Burkina Fasso, Gabão, Benim, Congo, Mali, República Centro-Africana, Togo, Níger, Chade e Senegal.

colonialismo extemporâneo (Cardoso, 2020). O acordo entre os Estados nacionais é vantajoso demais apenas para uma das partes. Na África ocidental, o levante não partiu apenas do Níger; de forma similar, ocorreram alterações de governo em Guiné-Conacri, Burkina-Fasso e Mali.

Recoloco a pergunta: qual é a postura dos Estados Unidos diante desses conflitos? Observa-se que sua política é igual àquela dispensada ao Níger, ou melhor dizendo, ao fazer uso do silêncio e da linguagem diplomática, suas ações são de apoio irrestrito à França. Observa-se que o presidente branco estadunidense apoia o presidente branco francês. Ambos se colocam contra a luta e as reivindicações dos atuais governantes negros dos quatro países da região do Sahel.

E qual seria o principal objetivo desses países da África ocidental? Podemos constatar facilmente que eles pretendem completar e finalizar o longínquo processo de descolonização. Posto de outro modo, os africanos lutam para deixar de ser totalmente colonizados pelos franceses, de forma direta ou indireta. Esses povos também batalham para não ficar reféns dos Estados Unidos ou de quaisquer outros países mais poderosos do que eles.

Diante de tudo que abordei aqui, o que tudo isso quer dizer? Em síntese, significa a relação entre branquitude, cultura, economia, política, neocolonialismo e imperialismo atuando em escala global. No exemplo citado, a França tenta evitar um baque econômico considerável, enquanto o Níger luta pela sua liberdade econômica e política. O africano almeja administrar, de forma minimamente razoável, seu território. Diante disso, como se posiciona o Sul Global? O Brasil? O branco aliado? Ou, melhor dizendo, o branco aliado do negro? E como será enxergada essa questão geopolítica?

Arrisco-me a dizer, como possível resposta, o seguinte: como já expliquei, o Sul Global tem seu raio de ação limitado pelos Estados Unidos. Também é provável que o tema dos levantes na África Ocidental continue sendo discutido de forma rápida e superficial — tanto nos veículos de comunicação tradicionais quanto nas mídias alternativas de esquerda. Além disso, considero plausível que o ponto de vista da França e dos Estados Unidos continuará repercutindo com maior força. Eles defendem a tese de que a população do Níger, do Mali, da Guiné-Conacri e de Burkina Fasso estão equivocadas: os africanos teriam sido ludibriados pelos russos e chineses. Nas entrelinhas, essa branquitude europeia (e neoeuropeia) defende o argumento de que a negritude africana é incapaz. Em outras palavras, o não branco, nesse caso o africano, não teria condição de pensar e agir por si. Aquela História racista que já conhecemos.

O branco aliado e a violência contra a violência

Para concluir, eu diria que a comunidade negra brasileira poderia se inspirar nos levantes negros africanos. Isso nos levaria ao debate sobre a relevância do movimento, ou seja, do confronto, da estratégia da violência contra a violência. Essa é uma das alternativas para sairmos da perspectiva hegemônica neoliberal, sintetizada na expressão "promoção da igualdade racial". De uma ótica humanista radical (Fanon, 1983; Cardoso, 2020), a ideia de branco aliado passa a fazer mais sentido quando este opta pela distribuição de riqueza para diminuir de forma efetiva as desigualdades sociais, minimizando, ou extinguindo, os bens concentrados pelos brancos. Estamos cientes de que os resultados das políticas públicas capitalistas são importantes; contudo, alcançam apenas alguns — digamos assim, chegam até os "eleitos" não brancos e brancos pobres. No entanto, não abalam de forma relevante a concentração de riqueza da burguesia branca, nacional e estrangeira.

E quanto à dialética? À ideia de conflito? O branco aliado se encontra em confronto permanente com o negro e também entrará em conflito com seu grupo. Essa é a sociedade ocidental em que vivemos, ainda não é outra. Dito isso, coloco algumas questões: o branco aliado vai de fato querer transformar radicalmente o mundo que inventou a favor de si? O branco aliado vai se colocar contra si mesmo? O branco aliado vai se colocar contra seu grupo? O branco aliado vai agir para garantir a distribuição de riqueza? Quais são os riscos dessas escolhas para ele em termos de relações afetivas? Em termos de risco de perder a vida? Afinal, é preciso considerar que há muitos bens materiais e simbólicos envolvidos.

Alguns brancos aliados, com certeza, dirão sim para algumas dessas perguntas, mas provavelmente não refletiram sobre outras. Por fim, resta dizer que os levantes africanos nos indicam possíveis caminhos para vitórias substantivas. A alternativa é realmente o embate. A opção pela harmonia — o consenso — já foi muito experimentada no Brasil, e não alcançamos resultados satisfatórios para os negros e indígenas. Além disso, nesse movimento, é indispensável a nossa postura altiva contra o imperialismo e, ao mesmo tempo, nossa ambição para o propósito de administrarmos a economia e a política do país. Portanto, realmente estamos falando de dialética, de fogo nos racistas! (*sic*), de fogo nos vira-latas (*sic*) de todas as cores — ou melhor, nos capachos brasileiros de todas as pertenças étnico-raciais e classes.

Referências

ALMEIDA, Silvio. *Racismo estrutural*. São Paulo: Jandaíra, 2019.

ANTUNES, Ricardo. *Uberização, trabalho digital e indústria 4.0*. São Paulo: Boitempo, 2020.

CARDOSO, Fernando Henrique; FALETTO, Enzo. *Dependência e desenvolvimento na América Latina*. 11. ed. Rio de Janeiro: Civilização Brasileira, 2004.

CARDOSO, Lourenço. *O branco ante a rebeldia do desejo — Um estudo sobre o pesquisador branco que possui o negro como objeto científico tradicional*. Curitiba: Appris, 2020.

______. *O branco "invisível" — Um estudo sobre a emergência da branquitude nas pesquisas sobre as relações raciais no Brasil (1957-2007)*. Dissertação (mestrado em Sociologia), Faculdade de Economia e Centro de Estudos Sociais da Universidade de Coimbra, Coimbra, Portugal, 2008.

CHEVALLIER, Jean-Jacques. *As grandes obras políticas — De Maquiavel aos nossos dias*. Tradução: Lydia Cristina. Rio de Janeiro: Agir, 2002.

CHOMSKY, Noam. *A manipulação dos media — Os efeitos extraordinários da propaganda*. Tradução: Mário Matos e Lemos. Lisboa: Inquérito, 2002.

CLARK, Kenneth B. *O protesto negro — James Baldwin, Malcolm X, Martin Luther King*. Tradução: Wladimir Gomide. Rio de Janeiro: Laemmert, 1963.

CLEAVER, Eldridge. *Alma no exílio*. Rio de Janeiro: Civilização Brasileira, 1971.

FANON, Frantz. *Os condenados da terra*. 2. ed. Tradução: José Laurênio de Melo. Rio de Janeiro: Civilização Brasileira, 1979.

______. *Pele negra, máscaras brancas*. Tradução: Adriano Caldas. Rio de Janeiro: Fator, 1983.

FARINELLI, Victor. "Junta militar do Níger anuncia processo contra ex-presidente Bazoum por 'alta traição'". *Brasil de Fato*, 14 ago. 2023. Disponível em: https://

www.brasildefato.com.br/2023/08/14/junta-militar-do-niger-anuncia-processo-contra-ex-presidente-bazoum-por-alta-traicao/. Acesso em: 2 set. 2025.

FERNANDES, Florestan. *A integração do negro na sociedade de classes*. 3. ed. São Paulo: Ática, 1978. v. 1.

FLAUZINA, Ana Luiza Pinheiro. *Corpo negro caído no chão — O sistema penal e o projeto genocida do Estado brasileiro*. Dissertação (mestrado em Direito), Universidade de Brasília, Distrito Federal, 2006. Disponível em: https://repositorio.unb.br/bitstream/10482/5117/1/2006_AnaLuizaPinheiroFlauzina.pdf. Acesso em: 2 set. 2025.

FOUCAULT, Michel. *Microfísica do poder*. Organização, introdução e revisão técnica de Roberto Machado. Rio de Janeiro: Graal, 2002.

FREYRE, Gilberto. *Casa-grande & senzala — Introdução à história da sociedade patriarcal no Brasil*. 42. ed. Rio de Janeiro: Record, 2001.

______. *O mundo que o português criou*. São Paulo: É Realizações, 2010.

FURNO, Juliane. *Imperialismo — Uma introdução econômica*. Rio de Janeiro: Da Vinci Livros, 2022.

GONZALES, L.; HASENBALG, C. *Lugar de negro*. Rio de Janeiro: Marco Zero, 1982.

HOBSBAWN, E. *A era dos extremos*. São Paulo: Companhia das Letras, 1994.

JABBOUR, Elias; GABRIELE, Alberto. *China — O socialismo do século XXI*. São Paulo: Boitempo, 2021.

JACOBI, Pedro. “Educação ambiental, cidadania e sustentabilidade”. *Cadernos de Pesquisa*, São Paulo, n. 118, p. 189-205, mar. 2003.

LÊNIN, Vladímir Ilitch. *Imperialismo, estágio superior do capitalismo*. São Paulo: Boitempo, 2021.

LEÓN, Lucas Pordeus. “China propõe nova ordem mundial ao lado da Rússia e da Índia”. Agência Brasil, 1 set. 2025. Disponível em: https://agenciabrasil.ebc.com.br/internacional/noticia/2025-09/china-propoe-nova-ordem-mundial-ao-lado-da-russia-e-da-india. Acesso em: 1 set. 2025.

MARINI, Ruy Mauro. *Dialética da dependência*. Petrópolis: Vozes, 2000.

MARX, Karl. *O capital — Crítica da economia política*. Rio de Janeiro: Civilização Brasileira, 2005. Livro I, v. 2.

MEMMI, Albert. *Retrato do colonizado precedido pelo retrato do colonizador*. 3. ed. Tradução: Roland Corbizer e Mariza Pinto. Rio de Janeiro: Paz e Terra, 1989.

MÈSZÁROS, István. *O poder da ideologia*. Tradução: Paulo César Castanheira. São Paulo: Boitempo, 2004.

MUNANGA, Kabengele. *Rediscutindo a mestiçagem no Brasil — Identidade nacional* versus *identidade negra*. 2. ed. Belo Horizonte: Autêntica, 2004.

OLIVEIRA, Nilzélia. "Desafio ambiental no cenário capitalista contemporâneo — Desenvolvimento sustentável ou sustentação do desenvolvimento?" *In:* MOUTINHO, Paulo; PINTO, Regina Pahim (orgs.). *Ambiente complexo, propostas e perspectivas socioambientais*. São Paulo: Contexto, 2009. p. 35-47.

PRASHAD, Vijay. "Análise: o que está acontecendo no Níger não é um golpe típico". *Brasil de Fato,* 16 ago. 2023. Disponível em: https://www.brasildefato.com.br/2023/08/16/analise-o-que-esta-acontecendo-no-niger-nao-e-um-golpe-tipico/. Acesso em: 20 set. 2025.

RIOS, Flávia; LIMA, Márcia (orgs.). *Lélia Gonzalez — Por um feminismo afro-latino-americano*. Rio de Janeiro: Zahar, 2020.

SANTOS, Milton. *Por uma outra globalização — Do pensamento único à consciência universal*. 19. ed. Rio de Janeiro: Record, 2011.

WARE, Vron (org.). *Branquidade — Identidade branca e multiculturalismo*. Rio de Janeiro: Garamond, 2004.

6. O branco dissimulado: um sujeito desracializado em uma sociedade racista

Maria Isabel Donnabella Orrico

Este capítulo consiste em apresentar os principais pontos da minha tese de doutorado (Orrico, 2021), que teve como foco compreender os desafios para a efetivação do trabalho com relações étnico-raciais nas escolas, especialmente realizado por professores brancos. Para isso, adotaram-se os estudos sobre branquitude como aporte teórico. As etapas dessa pesquisa foram uma dinâmica de grupo em uma escola da rede municipal de Campinas e entrevistas com algumas professoras.

As falas foram gravadas, transcritas e analisadas com base na teoria das representações sociais, que defende a existência de um conjunto de códigos culturais definidores, em cada momento histórico, do funcionamento de uma comunidade. Por meio dela pode-se compreender as motivações das pessoas ao fazer determinadas escolhas ou adotar determinadas atitudes. Assim, a teoria das representações sociais constitui importante referencial para compreendermos como o racismo se manifesta e opera na sociedade brasileira.

Branquitude

Na tese em questão, há um capítulo dedicado à descrição de determinados conceitos importantes para a compreensão da pesquisa, o que não será possível reproduzir aqui. No entanto, é fundamental destacar que assumo o termo "branquitude" como conceito histórico, não homogêneo, que se modifica com o tempo e se relativiza conforme os contextos locais e globais, embora a branquitude seja sempre um lugar de privilégios e vantagens raciais, como problematiza Lourenço Cardoso (2020).

Maria Aparecida Silva Bento (2002, p. 5) define branquitude como "um lugar de privilégio racial, econômico e político, no qual a racialidade, não nomeada como tal, carregada de valores, de experiências, de identificações afetivas, acaba por definir a sociedade". Segundo Priscila Silva (2017, p. 27-28), "a branquitude é um constructo ideológico no qual o branco se vê e classifica os não brancos a partir do seu ponto de vista. Ela implica vantagens materiais e simbólicas aos brancos em detrimento dos não brancos". Para a autora, essas vantagens advêm de uma distribuição desigual de poder político, econômico e social.

Assim, a branquitude, ao mesmo tempo que se apresenta como norma, impõe-se como neutra quando é conveniente — ou seja, quando estão em jogo suas vantagens e privilégios. Segundo Maria Aparecida Silva Bento (2002) e Ana Amélia Laborne (2017), são os privilégios que sustentam essa racialidade não denominada, isto é, a branquitude, que, sob a condição de lugar de poder, se articula "nas instituições (universidades, empresas, organismos governamentais etc.), que são, por excelência, conservadoras, reprodutoras e resistentes, e cria um contexto propício à manutenção das desigualdades" (Laborne, 2017, p. 92). Dessa maneira, a branquitude é capaz de reproduzir e recriar mecanismos para a manutenção do poder, assim como manter vivo o racismo, especialmente ao se utilizar da estrutura vigente.

Branquitude em categorias: a branquitude crítica dissimulada

Cintia Cardoso (2018) faz uma distinção entre duas categorias de branquitude. A primeira é a crítica, representada pelo branco que, de modo geral, desaprova o racismo publicamente. Esse sujeito não questiona o privilégio branco, pois vive sob o princípio da igualdade e, em tese, sob o signo da modernidade. Além disso, convive, "tolera" ou "suporta" hipocritamente o "outro", sem pregar ódio racial. A segunda categoria é a branquitude não crítica, representada pelos membros ou simpatizantes de grupos da "neo-KKK", neonazistas e outros adeptos dessa linha. Cintia Cardoso (*op. cit.*)

afirma que essas pessoas não se consideram racistas, pois acreditam ser "naturalmente" superiores a outras raças de maneira "notória", como mostraria a história. Esse grupo defende o privilégio branco, desconsidera o princípio da igualdade, vive sob o princípio da desigualdade e sob o signo da tradição. Não suporta o "outro", prega o ódio racial, adota discurso abertamente homicida e é sincero em sua concepção do negro. Lourenço Cardoso (2014, 2017) menciona que os estudos sobre a branquitude acrítica são quase inexistentes e que um trabalho de campo sobre esse tema constitui um grande desafio metodológico.

Na tese mencionada (Orrico, 2021), problematizo a conceituação de Lourenço Cardoso (2014) e a relaciono com a realidade que observo como pesquisadora branca. Desenvolvo uma escala entre diferentes categorias de branquitude e destaco que o que mais aparece em minha pesquisa são aspectos relacionados à "branquitude crítica dissimulada".

Nessa categoria está o branco que desaprova o racismo publicamente mas é omisso, exime-se das discussões e contribui para a manutenção de vantagens e privilégios. Coloco nesse grupo também os que dizem estar na luta antirracista, mas cujas ações não confirmam esse posicionamento. De acordo com Lourenço Cardoso, no artigo de opinião "O branco de esquerda racista é mais dissimulado do que o de direita", escrito em 2003, o branco de esquerda é mais dissimulado que o branco de direita, embora, segundo o autor, tanto um quanto outro se mantenham conservadores no que se refere ao racismo. Ambos podem tecer críticas ao racismo presente na sociedade, porém raramente fazem autocrítica ao próprio racismo.

A branquitude crítica dissimulada não é capaz de reflexões e enfrentamentos que coloquem em xeque suas vantagens raciais, embora admita que as detenha, como mostram os estudos de Schucman (2020), Cardoso (2020) e Bento (2002). Geralmente, opta por acreditar que essas vantagens são fruto de merecimento. Os brancos que se enquadram nessa categoria costumam traçar paralelos entre as injustiças históricas direcionadas às pessoas negras e o processo de imigração vivenciado pelos seus antepassados. Evitam pensar em si como herdeiros — também produtores e reprodutores — de vantagens materiais e simbólicas. Quando abordam a questão racial em seus discursos, o negro é o tema e o branco, invisibilizado. Muitos optam pelo silêncio, pela omissão e, consequentemente, pela manutenção do racismo.

Apesar de a branquitude ser diversa, considero que há algo que une todas as pessoas brancas: a identidade racial branca, supostamente neutra, mas ocultada pelo próprio branco. É um tipo de identidade específica, diretamente dependente do lugar e do tempo em que os indivíduos se encontram. Todos nós, sujeitos brancos, temos uma suposta neutralidade moral e uma universalidade cultural dentro do grupo, como aponta Robin DiAngelo (2020).

Todos os brancos são, de alguma forma, beneficiários da maneira como está estruturada a sociedade brasileira hoje, visto que não precisamos nos preocupar com o peso psíquico da raça ou das heranças materiais e simbólicas. Mesmo os brancos pobres se beneficiam pelo fato de serem brancos (Schucman, 2020). Também nos solidarizamos uns com os outros, a fim de nos protegermos, manter os benefícios restritos ao nosso grupo de pertença e evitar causar desconforto racial entre nós, como destacam DiAngelo (2020) e Maria Aparecida Silva Bento (2002).

De acordo com Cardoso (2020), ser branco é ter poder, sem concessões ou abertura de espaço dentro daquilo que considera seu: os lugares de prestígio, valor simbólico e econômico. Segundo Frantz Fanon (2008 [1952]), ser racista também é um dos elementos da identidade branca, embora, na concepção de Cardoso (*op. cit.*), o branco possa ser antirracista ao se opor às próprias vantagens raciais, ainda que não seja possível deixar de ser privilegiado por pertencer à raça branca na sociedade brasileira atual.

Por fim, pode-se dizer que a branquitude também é uma categoria política e analítica que surge do questionamento do lugar e do papel do branco nas relações sociais.

O problema de pesquisa

Meu problema inicial de pesquisa seria investigar professores brancos que trabalham satisfatoriamente com as questões étnico-raciais na escola. Porém, diante de um questionamento feito por Lourenço Cardoso (que depois passou a coorientar a pesquisa), percebi que poderia estar diante de uma atitude salvacionista. Estaria eu, branca, mostrando ações antirracistas de pessoas do meu grupo de pertença, algo bem confortável. Então, com minha orientadora, Ângela Soligo, revimos os objetivos e passamos a pensar em uma pesquisa que conseguisse captar as representações sociais dos professores brancos a respeito da branquitude.

Chegamos à ideia de um bate-papo com os professores durante uma reunião na escola. Ângela sugeriu iniciar o debate com base em uma reportagem a que havia assistido, sobre o lançamento de uma caixa de lápis "cor de pele" de uma grande empresa de material escolar.

Embora o vídeo fosse de uma emissora que reproduz diariamente o racismo em sua programação, mantendo o branco-centrismo (termo cunhado por Cardoso, 2014) e exibindo, em quase toda a sua programação, uma esmagadora maioria de pessoas brancas, encontramos no vídeo uma forma de mostrar aspectos da branquitude sem nomeá-los, deixando espaço para captar o que talvez as professoras brancas não notassem.

No vídeo[1] aparece uma apresentadora branca demonstrando satisfação pelo fato de a empresa ter lançado lápis com diversas tonalidades de "cor de pele". O lançamento em si é bastante positivo, visto que contribui para a reflexão e para o rompimento de uma prática repetida há décadas: chamar um lápis rosado de "lápis cor de pele", o que também ocorre com outros objetos, como produtos de maquiagem ou *lingerie*. Mas da pele de quem? De um branco idealizado nos padrões europeus ou estadunidenses, um branco "rosado".

É exatamente esta a questão: quando a repórter (também branca) vai a campo, entrevista apenas crianças negras, como se somente elas tivessem diferentes tonalidades de pele. Não se reflete sobre a não universalidade da cor de pele dos sujeitos brancos. O pertencimento étnico-racial do branco aparece apenas de maneira muito sutil.

O vídeo termina afirmando que, por dentro, todos somos iguais (os corações pintados por todas as crianças são vermelhos). Na lógica dessa produção, as cores seriam "apenas cores" e, no final, as diferenças simplesmente desaparecem. Um pensamento bastante perigoso, pois superficializa uma questão extremamente profunda, tanto para os indivíduos (psiquicamente) quanto para a sociedade (institucional e estruturalmente).

---

1. Vídeo disponível em: http://g1.globo.com/sp/sao-carlos-regiao/jornal-da-eptv-edicao//videos/v/fabrica-de-sao-carlos-cria-lapis-de-cor-com-diferentes-tons-de-pele/7156589/. Acesso em: 22 set. 2025.

Primeira etapa: levantamento prévio via telefone

Inicialmente, a fim de conhecer melhor o lócus da pesquisa, foi feita uma análise quantitativa por telefone, para levantar o número de professores brancos no ensino fundamental 1 da rede municipal de Campinas que trabalham, cotidiana e sistematicamente, com questões étnico-raciais. O contato foi feito com gestores de 21 escolas (51% das escolas existentes).

Cabe salientar que duas das 21 escolas pediram que o questionário fosse aplicado presencialmente e duas se recusaram a participar da pesquisa. Considero essas recusas evidências de negação, silêncio e omissão em relação à temática étnico-racial.

Não seria coincidência o fato de em todas as escolas (com exceção daquela em que trabalho) onde fui atendida por pessoas brancas a resposta às minhas perguntas ter sido a de que todos os professores brancos realizam esse trabalho. Maria Aparecida S. Bento (2002) escreveu uma tese sobre o pacto narcísico da branquitude. De acordo com a pesquisa, os brancos negam os problemas raciais ou evitam falar dele, a fim de manter seus privilégios. Ou seja, quando o gestor branco afirma que todos os professores brancos trabalham com as questões étnico-raciais, o problema permanece encoberto. Se não se toca nesse assunto, os privilégios e as vantagens raciais do grupo branco se mantêm. Outro possível motivo para tais afirmações seria o conhecimento da Lei n. 10.639/03, que obriga todos os estabelecimentos de ensino a trabalhar a temática.

Esses dados destoam dos coletados na pesquisa de Ângela Soligo *et al.* (2018), que garantia o anonimato dos entrevistados. Nela, educadores de todos os níveis reconhecem a presença da temática nos projetos pedagógicos das escolas, mas informam que as práticas são pontuais e muitas vezes atreladas a iniciativas individuais.

Por fim, ficou evidente a diferença de posicionamento nas respostas de pessoas autodeclaradas brancas e negras que falaram comigo pelo telefone: nas quatro escolas em que fui atendida por pessoas negras, uma gestora disse que nenhum professor branco faz o trabalho (apenas os professores negros); outra afirmou que, de 12 professores brancos, dez realizam o trabalho; outra apontou que todos atuam apenas em dados momentos e mais “arranham” do que efetivamente trabalham com as questões, e uma vice-diretora negra destacou que dois de dez fazem esse trabalho. Das duas pessoas que se consideram "mestiças" (termo utilizado por elas), uma relatou que, de quatro docentes, dois fazem o trabalho e a outra disse que todos fazem.

Segunda etapa: dinâmica na escola

A escola em que essa parte da pesquisa foi realizada está localizada em uma região periférica, no noroeste da cidade de Campinas. A população atendida é de crianças do 1º ao 5º ano do ensino fundamental. A intenção inicial era ampliar a pesquisa para outras escolas, mas julgamos os dados obtidos suficientes para uma análise aprofundada. Apenas professoras autodeclaradas brancas participaram da pesquisa, realizada no horário de reunião de professores na escola.

Com o gravador ligado, iniciei a exibição do vídeo. Em seguida, pedi que comentassem. Depois de algumas falas, segui o seguinte roteiro de perguntas:

1. Por que vocês acreditam que não perceberam (conforme as respostas, me referi aos repórteres e/ou ao próprio grupo de professoras) as diferenças de cor de pele quando falamos de pessoas brancas?
2. Vocês acreditam que essa forma de perceber o mundo branco naturalizado interfere em nossa prática em sala de aula?
3. Na escola, quais são as consequências para as crianças do modo como nós vemos o mundo? (Como nenhuma resposta mencionou a criança branca, precisei perguntar: E para as crianças brancas?)
4. Com base nessas questões, como podemos pensar a educação para as relações étnico-raciais?

Terceira etapa: entrevistas individuais

Após a discussão, selecionei seis participantes para uma entrevista individual. O critério de seleção foram as falas das professoras, de modo a contemplar aquelas que demonstraram maior e menor permeabilidade em relação à temática. A entrevista foi semiestruturada e teve como tema a discussão em grupo e as representações das professoras acerca da branquitude.

Quarta etapa: núcleos de significação e análise dos dados

Após a transcrição da dinâmica, as falas das educadoras foram agrupadas em núcleos de significação (Aguiar e Ozella, 2013). O que justificou o agrupamento foi a semelhança de conteúdos, complementares ou contraditórios entre si. Cabe dizer que todas as falas transcritas foram consideradas e inseridas em algum núcleo. Diante disso, 15 núcleos puderam ser formados.

Com todas as falas integradas a algum desses núcleos, foi possível realizar análises mais profundas, seja articulando os dados obtidos entre si, seja em diálogo com as referências teóricas. Com base nessas análises, construíram-se os textos de cada núcleo.

Resultados

A seguir, apresento resumos das análises dos núcleos de significação e das entrevistas individuais. Opto pela escrita em primeira pessoa, pois, além de pesquisadora, também sou uma professora branca e sinto a necessidade de, ao analisar os sujeitos, assumir que também sou afetada pelas questões que problematizo e discuto. Apesar disso, procuro manter meu compromisso ético com as análises dos dados com base nos referenciais teóricos da pesquisa.

Cabe dizer ainda que, apesar de um professor homem ter participado da discussão, utilizarei "professoras", no feminino, por serem a grande maioria nessa escola de ensino fundamental 1, cerca de 20 professoras[2].

Saliento que não fiz todas as perguntas que desejava, pois procurei interferir o mínimo possível no debate. É necessário conhecer e analisar as representações sociais que se manifestam nos indivíduos — pelas quais eles também são responsáveis —, mas estou ciente de que também abrangem questões institucionais e estruturais.

---

2. Considero que "cerca de 20 professoras" participaram da dinâmica porque em certos momentos algumas entraram na sala e em outros algumas saíram.

É importante destacar que essas representações sociais presentes entre as professoras orientam as práticas e as decisões tomadas no cotidiano da escola. De certa maneira, é um movimento dialético: as instituições, que constituem a estrutura, têm o poder de determinar o trabalho dos sujeitos, que, por sua vez, também constroem as instituições ao longo do trabalho nas bases. Trata-se de um território em disputa e, nesse caso, no contexto da rede pública de ensino, a liberdade de ação do educador é assegurada pela prerrogativa da gestão democrática.

É necessário mencionar que há mais facilidade para que as professoras se abram diante de uma professora e pesquisadora também branca, devido aos espaços privados, íntimos e aos segredos compartilhados entre os brancos (Lourenço Cardoso, 2020; Schucman, 2020; Cintia Cardoso, 2018).

Nos próximos itens, faço um breve resumo de cada núcleo.

Pertencimento étnico-racial

Nesta categoria estão agrupadas as falas relativas ao pertencimento étnico-racial, seja o próprio (quando se referem a si), seja o de alunos ou de modo geral. Pode-se dizer que os discursos referentes ao que chamamos de raça ou racismo giraram sempre em torno do sujeito negro.

Cabe assinalar que o branco agrega o pertencimento étnico-racial a si e ao outro — ou o desagrega — de acordo com seu interesse. Aqui, retomo o conceito de "branquitude crítica dissimulada": somos capazes de nos classificar (brancos) como universais e os negros como múltiplos (negro, preto, pardo, "moreninho", "jambo"). Todavia, no plano mais individual, temos a tendência de generalizar e atribuir ao grupo negro qualquer falha de um único indivíduo. Outro ponto a observar quanto a universal *versus* individual diz respeito às conquistas e ao mérito. Se um indivíduo branco ascende, afirma ser por mérito próprio; a conquista é entendida como individual. Não se considera o todo, tampouco as vantagens raciais desse sujeito.

Percepção tem de ser provocada

As questões apresentadas no item anterior indicam que, para o branco, as percepções sobre si precisam ser provocadas. Diferentemente do que ocorre com as pessoas negras, os brancos não são levados a refletir no cotidiano sobre sua raça. De modo geral, as professoras admitiram a necessidade de formação e reflexão para perceber e intervir melhor nas questões envolvendo as relações étnico-raciais no cotidiano escolar.

Entretanto, observa-se que permaneceram omissas e silenciosas, mantendo o pacto narcísico da branquitude conceituado por Maria Aparecida Bento (2002). Enxergo como um desafio para os brancos que se dizem antirracistas intervir no próprio grupo. Para isso, teremos de estar dispostos aos inevitáveis conflitos que, segundo Lourenço Cardoso (2020), podem construir oportunidades de reeducação. Sendo assim, a reeducação das relações étnico-raciais deve passar pela racialização dos brancos e pelo reconhecimento desse pertencimento que nos gera vantagens cotidianas.

Vivências das educadoras

Durante a dinâmica, algumas professoras também falaram de suas vivências a respeito da temática étnico-racial, que foram agrupadas neste núcleo. Entretanto, nenhuma das professoras apresentou exemplos sobre si ou outro branco agindo de forma racista na escola. Será que, em algum momento, elas teriam praticado ou presenciado um ato de racismo sem interferir? Se sim, por que esses episódios não foram mencionados na dinâmica?

Uma professora avançou ao se perceber como parte do grupo privilegiado dentro da estrutura racista. Essa fala, contudo, não incentivou as demais participantes a manifestar percepções semelhantes. Nota-se mais uma vez a dificuldade dos brancos de romper com o pacto narcísico da branquitude, que preserva nossas vantagens e privilégios.

Diversidade

Este núcleo tem falas relacionadas à diversidade, aqui entendida como a (não) percepção de si e a percepção do outro como diverso, a generalização de sujeitos por meio de estereótipos atribuídos ao seu grupo de pertença e a não diferenciação do racismo em relação a outros preconceitos.

É válido dizer que o assunto diversidade tendeu se concentrar no "outro" do branco, que seria aquele que é "diverso", fora do padrão, a ser olhado e investigado. O branco não se vê como diverso, mas como o padrão de humano. Autores como Fanon (2008 [1952]), Kilomba (2019), Cardoso (2020) e Schucman (2020) problematizam essa questão em seus estudos.

Aparentemente, para as professoras participantes da pesquisa, deveríamos ampliar a discussão sobre racismo, incluindo também pessoas de outras etnias, algo que não é negativo em si, exceto quando o objetivo é invisibilizar o conflito branco-negro e suas especificidades, como parece ter acontecido durante esse debate.

De todo modo, observou-se que as percepções das professoras não alcançaram a questão do racista, do branco, parcela que aufere vantagens em uma sociedade racializada e hierarquizada.

Representatividade e referência

Durante a dinâmica, algumas professoras narraram episódios relacionados com a representatividade ou as referências das crianças ocorridos em suas salas de aula. Neste núcleo aparecem questões ligadas à cor da pele — novamente tendo por foco as crianças negras —, à percepção racista do branco sobre o que é belo, ao lugar do branco como referência e destaque, ao material didático, às formas de avaliação, à percepção de que o trabalho na escola é muitas vezes superficial e ao papel da mídia na manutenção da estrutura.

É notável que, neste núcleo, as professoras tenham tangenciado as questões relativas à super-representatividade branca — e à ausência de representatividade negra — na escola. Também se destaca o fato de não terem feito uma reflexão aprofundada que permitisse reconhecer seu próprio papel na problematização dessas questões. Portanto, ser capaz de tecer as observações levantadas não foi suficiente para promover uma mudança de postura.

O que mais seria necessário para uma mudança efetiva de comportamento? Pelo que os resultados desta pesquisa indicam, um ponto indispensável é evidenciar e problematizar o branco como sujeito racializado, de modo que se discuta a nossa responsabilidade na manutenção do racismo no cotidiano escolar e se reconheça que nosso silêncio e nossa omissão também são racistas (Bento, 2002).

Não percepção de si

Observa-se que todos os comentários sobre cores de pele versaram apenas sobre as cores da pele de pessoas negras.

Outro ponto importante é que em nenhum momento da dinâmica surgiu menção ao racismo praticado por alunos brancos. Ao proteger os alunos brancos, os professores protegem também a si próprios, desresponsabilizando-se — parte do pacto narcísico (Bento, 2002). De acordo com Angela Davis (2016), o racismo é um sistema que organiza a sociedade histórica e contemporaneamente. Portanto, os negros, ainda que reproduzam o discurso racista da branquitude, não auferem vantagens concretas por sua condição; ao contrário, apenas reforçam a hierarquia hegemônica.

A questão está no outro, no negro

Um dos pontos que ficaram evidentes na dinâmica diz respeito à dificuldade de nós, sujeitos brancos, enfocarmos a discussão do branco como sujeito racializado. Foram vários os momentos em que precisei intervir com questões como: "Mas e o branco?" Ainda assim, poucas falas depois, o tema retornava ao negro. Isso ocorreu desde o início e perdurou por toda a dinâmica. Esse padrão também surge na pesquisa de Martins com educadores, a qual mostra que "falar de raça e racismo parece implicar diretamente em falar sobre o negro" (Martins, 2019, p. 71).

Por fim, observa-se que a discussão girou em torno de questões de relacionamento interpessoal. Poucas considerações indicaram o racismo como barreira efetiva ao desenvolvimento e à dignidade da pessoa negra, ao passo que, em paralelo, garante vantagens e privilégios aos brancos. Em nenhuma fala se mencionou essa diferença no ambiente educativo, o que indica ausência de reconhecimento ou escolha deliberada por não tratar o tema por esse viés. Assumir questões como a desigualdade no ambiente escolar significaria evidenciar a necessidade de um trabalho pedagógico capaz de pôr a branquitude em xeque.

Naturalização do racismo, invisibilização do outro

Nas falas das professoras, algumas vezes ficou explícito que algumas parecem não se dar conta de como os corpos negros vêm sendo racializados pelo racismo e de quanto nós, brancos, passamos incólumes por esse processo, do qual somos beneficiários — estrutural, institucional e individualmente. É como se as experiências vividas pelas pessoas negras não ocorressem em razão da racialização criada e mantida intencionalmente pelos brancos.

História do Brasil

Apenas três professoras fizeram referências à história do país ao abordar as questões de desigualdade racial. Uma delas tratou da hierarquia racial, do racismo no cotidiano e da necessidade de políticas de reparação, retomando esses elementos em vários momentos. As demais continuaram com o foco no negro, afirmando que não tiveram oportunidades, mas o branco não é visto nem mencionado.

Consequências para as crianças negras

Quando foi feita a pergunta "na escola, quais as consequências para as crianças do modo como nós vemos o mundo?", as respostas das professoras abarcaram apenas as consequências para as crianças negras. Isso pode indicar que, para elas, a maneira como professoras brancas pensam o mundo, considerando a temática em questão, não afeta as crianças brancas.

Por meio das falas analisadas neste núcleo, podemos chegar ao menos a duas conclusões importantes. A primeira se refere aos alunos brancos: ao que tudo indica, as professoras entendem que esses estudantes passam ilesos quando o assunto é a questão étnico-racial (e o racismo) ou os consideram "neutros". No entanto, algumas passaram a olhar para esses alunos ao serem provocadas, como veremos no próximo núcleo. Já a segunda conclusão é que elas reconhecem que o modo como pensam o mundo tem impacto sobre os alunos negros. Contudo, esse reconhecimento, ao que parece, não tem levado à ação.

Consequências para as crianças brancas

Depois de as respostas à questão "na escola, quais as consequências para as crianças do modo como nós vemos o mundo?" terem se limitado às consequências para as crianças negras, precisei intervir e questionar novamente: "E para as crianças brancas?" Notei certo estranhamento e silêncio.

Quando insisti na questão, três professoras afirmaram que há consequências também para as crianças brancas. Duas, porém, declararam que não, sustentando a possibilidade de permanecerem na "neutralidade".

Diante da hegemonia branca nas instituições, não é possível acreditar que qualquer sujeito pertencente à comunidade escolar ocupe um lugar de neutralidade, ainda que se mantenha em silêncio. Tampouco se pode afirmar que as escolas, da maneira como estão postas, formem seres humanos conscientes, críticos, autocríticos e atuantes na luta antirracista.

Papel da escola e/ou da sociedade

Em um momento mais avançado da dinâmica, a questão central entre as professoras passou a ser se caberia à escola e/ou à sociedade discutir e combater o racismo. Entrou em pauta a indagação: a escola seria mera reprodutora da sociedade ou uma transformação de dentro para fora seria possível?

O fato é que, independentemente do posicionamento individual das educadoras, a escola permanece como lugar de produção e reprodução do racismo, até mesmo ao ensinar o aluno branco a não refletir sobre si, quando nos colocam como pessoa ou grupo de referência, glorificando-nos sem apontar nossas falhas nem questionar nossos privilégios (Cardoso, 2020).

Incômodos

Este núcleo reúne alguns incômodos das educadoras, quais sejam: com a própria pesquisa; com a exposição de si nesse assunto; com o fato de a discussão ter girado em torno da hegemonia branca; com a visibilidade dada às questões do empoderamento negro pelo cabelo afro; com o discurso de que "por dentro somos todos iguais".

O primeiro aspecto que causou estranhamento foi a pesquisa ter sido feita apenas com educadoras autodeclaradas brancas. Para mim, esse estranhamento relaciona-se com o fato de o branco não estar acostumado a se ver como objeto de pesquisa, posicionamento que converge com o de Lourenço Cardoso (2014; 2020).

Porém, cabe mencionar que "a inquietação, o incômodo e o desconforto que venhamos a sentir, não compete, a nós, torná-los obstáculos intransponíveis, já que isto nos impediria de prosseguir na construção de um diálogo com o propósito de questionar as hierarquias" (Cardoso, 2014, p. 247).

Conclui-se, por meio das falas das professoras, que o branco parece se considerar detentor de toda sorte de poder: o poder de não ser analisado, o poder de silenciar (para não causar polêmica), o poder de subtrair parte do currículo escolar e o poder de dizer ao outro o que deve ou não fazer com relação à sua aparência e ao seu modo de estar no mundo.

Dificuldades

Este núcleo apresenta momentos em que as professoras relataram dificuldades para lidar com as relações étnico-raciais, entre elas: perceber-se como racializadas (o que também se evidencia em outros núcleos); abordar o assunto; intervir de maneira apropriada; lidar com a forma como foram socializadas; enfrentar a falta de valorização da escola; superar o distanciamento entre escola e sociedade; contrapor a ideologia do branqueamento; lidar com a escassez de material escolar.

Neste núcleo ficou evidente que o trato com as questões raciais não faz parte do cotidiano das educadoras participantes da pesquisa. Na prática, as questões raciais são vistas como alheias ao que se vivencia e se trabalha na escola. As professoras parecem reconhecer a necessidade de mais formação para se sentirem mais preparadas. Porém, embora tais formações estejam disponíveis na rede de Campinas, a procura é baixa. Além disso, apenas formações teóricas, apesar de indispensáveis, podem ser insuficientes para garantir o engajamento das professoras se não houver disposição real para a mudança.

Possíveis caminhos segundo os sujeitos

Durante a dinâmica, as professoras apontaram diversos caminhos possíveis para a superação do racismo na escola e na sociedade. Evidencia-se que, de maneira geral, o grupo parece saber o que precisa ser feito. Entre as ações indicadas estão: a escola trabalhar com as diferenças; repensar o currículo e a metodologia; rever, reconstruir e ampliar materiais; trabalhar com história e cultura africana e afro-brasileira; propor discussões e formações coletivas; fazer parcerias trazendo "outras vozes"; ouvir os alunos; apoiar políticas públicas como as cotas; estabelecer o diálogo com a sociedade, incluindo parceria com as famílias.

Apesar de conseguirem apontar diversos caminhos, o ato de se repensarem como educadoras brancas não foi mencionado. De modo geral, a identidade racial branca aparece pouco na discussão, mesmo que o tema tenha composto a última pergunta e mesmo eu, como pesquisadora, tenha procurado conduzir o debate para se pensar a branquitude. Nota-se que esse continua a ser um grande desafio para nós, educadoras brancas.

Análise das entrevistas individuais

Posteriormente à dinâmica de grupo, foram selecionadas seis professoras para entrevistas individuais: três que demonstraram maior identificação com a temática étnico-racial ao longo da dinâmica e três que demonstraram maior distanciamento dela.

Por se tratar de um capítulo de livro, que me exige ser sucinta, apresentarei apenas as aproximações entre as falas das professoras e entre estas e o conteúdo da dinâmica.

Algumas aproximações entre as entrevistas individuais

Das seis professoras entrevistadas, nota-se que as três selecionadas por apresentarem maior afastamento em relação à temática étnico-racial demonstraram algum tipo de resistência em participar da entrevista. Esse fato, em si, pode indicar o reconhecimento desse afastamento ou mesmo falta de desejo de contribuir com a pesquisa. As outras três, que demonstraram maior proximidade com a temática, aceitaram prontamente o convite e concederam a entrevista na escola onde trabalhavam.

Na maioria das entrevistadas, observa-se a consciência e o reconhecimento dos privilégios do branco, embora apenas duas parecessem estar prestes a reconhecer seu papel, como professoras brancas, de lidar efetivamente com as questões raciais. Três não abordaram o papel do branco e reconheceram não trabalhar com as questões raciais em sala de aula, ainda que isso signifique negar aos alunos algo que consta em lei. Nota-se a inexistência de acompanhamento da instituição escolar para que esse acesso seja garantido aos estudantes e, nesse caso, também uma omissão do Estado, visto que se trata de uma escola pública.

Um ponto em comum que chama a atenção é o fato de que a maioria dessas professoras (quatro) trouxe, em diferentes momentos de suas falas, a questão racial como um problema do negro: seja ao se colocar como sujeito universal, seja ao rejeitar que o racismo seja um incômodo, seja ao não manifestar desejo de sair de um lugar confortável ou, ainda, ao afirmar que os negros teriam mais sensibilidade ou estariam mais preparados para lidar com essa questão.

Quatro das seis professoras reconheceram que o branco precisa ser provocado a se pensar como sujeito racializado e enfatizaram a importância de formações ou rodas de discussão. Uma relatou que passou a refletir a respeito ao trabalhar com uma professora negra na escola, e outra afirmou que a dinâmica da presente pesquisa a fez repensar.

Algumas aproximações entre as entrevistas e a dinâmica de grupo

Grande parte das falas durante as entrevistas individuais corroborou o debate feito em grupo, e muitas das características da branquitude trazidas por estudiosos como Bento (2002), Cardoso (2020) e Schucman (2020) ficaram ainda mais evidentes.

Percebe-se que, embora as educadoras reconheçam viver em uma sociedade racista, o próprio racismo não foi problematizado por elas. Algumas chegaram a apontar ações envolvendo racismo de terceiros, incluindo situações em que o racista, segundo elas, seria o próprio negro. Apesar de ter ficado evidente em algumas falas que as professoras percebem as vantagens raciais do branco, elas parecem focar as desvantagens do negro, como se o fato de um grupo estar em desvantagem não implicasse a vantagem do outro. Não se colocar nessa relação significa não se responsabilizar por ela, não se ver como parte do grupo que criou e mantém essas vantagens em benefício próprio.

Outro problema é que, mesmo notando e assumindo as desvantagens do grupo negro, de modo geral, implícita ou explicitamente, a maioria das professoras opta pelo silêncio, que, como diz Maria Aparecida Bento (2002), não é neutro. Ou seja, a maior parte do grupo opta por não intervir diante do *statu quo* que o beneficia. Os motivos alegados variam desde a falta de preparo até a crença de que não seria função de uma professora branca trabalhar com essas questões, o que inclui não cumprir o que está determinado em lei e evidencia tanto o racismo sistêmico e institucional quanto a negligência no atendimento às crianças.

Outro ponto que aparece, tanto na dinâmica de grupo quanto nas entrevistas individuais, é a tendência das professoras de naturalizar ou apagar o racismo, seja ao afirmar um discurso de igualdade entre os alunos, seja ao compará-lo a outras opressões que não são sistêmicas, como o *bullying* ou o preconceito contra pessoas de outras etnias, como os japoneses.

Em muitos momentos, as educadoras reconhecem em que medida formações nesse sentido são fundamentais para mudar de postura.. Porém, tratando-se de professoras da rede municipal de Campinas, como já mencionado, fica evidente que a oferta (mesmo que remunerada) não garante a participação dos educadores, especialmente os brancos, como demosntram Soligo, Jango, Garnica e Cardoso (2018). Além disso, pensar a formação como única possibilidade de efetivar as ações sem buscá-la significa eximir-se de responsabilidades.

Diante desses dados, nota-se uma das atitudes mais recorrentes das professoras brancas em relação às questões étnico-raciais: a fuga. Assim como Maria Aparecida Bento (2002) já havia demonstrado, o silêncio, a negação e a omissão são estratégias centrais para a manutenção das vantagens raciais. De acordo com a teoria das representações sociais, essa fuga é uma forma de objetivação, ou seja, um modo concreto de ação construído com base naquilo que apreendem da realidade.

Relaciono essa fuga a uma característica daquilo que, neste trabalho, chamei de branquitude crítica dissimulada. Nesse sentido, a questão não parece estar em não enxergar ou não perceber seu lugar de pessoas brancas, mas sim em escolher não assumir seu lugar de pessoas brancas na manutenção da estrutura social. Portanto, elas se colocam na mesma perspectiva naturalizante que, em alguns momentos, criticam. Uma hipótese é a de que, sendo beneficiadas pelo modo como a sociedade e a escola estão organizadas, não tenham interesse em tratar dessas questões. Desse modo, contribuem para a perpetuação do racismo.

Considerações finais

É imprescindível, no debate sobre relações étnico-raciais, mostrar como o discurso da branquitude atravessa os muros da escola e é produzido e reproduzido em seu interior, inclusive na maneira como as professoras brancas enxergam o mundo e (não) agem diante dele.

O não olhar para si e para os alunos brancos como sujeitos racializados em nossa sociedade significa manter a estrutura vigente, da qual herdamos vantagens raciais que, ao longo da vida, justificamos como mérito — uma estratégia de autopreservação. Na pesquisa aparecem várias questões que podem ser entendidas como estratégias de fuga: não falar de si como sujeito racializado; não olhar para o branco como agente do racismo; relativizar o racismo, equiparando-o a outras violências[3]; desviar-se de palavras que causam incômodo; não desenvolver um trabalho mais efetivo com a temática étnico-racial na escola; não participar de formações, ainda que se admita a sua necessidade e a rede da qual as professoras fazem parte as ofereça.

Portanto, na pesquisa (Orrico, 2021), com base no conceito de branquitude crítica de Lourenço Cardoso (2017), desenvolvi o conceito de "branquitude crítica dissimulada", aquela que, embora desaprove o racismo publicamente — geralmente se declarando "antirracista" e praticando uma militância de discurso (pseudomilitância) —, não se engaja em ações que de fato coloquem em xeque nossas vantagens raciais.

Trabalhar com as relações étnico-raciais evidenciando o branco é assumir-se como sujeito racista. É encarar a branquitude e enfrentá-la. É reconhecer a hegemonia branca e nossa herança material e simbólica. É negar o lugar confortável, que inclui não ser cobrado por não trabalhar essas questões na escola. Romper com o pacto narcísico da branquitude é estar disposto ao conflito.

---

3. Não se ignora a relevância de todas as violências, que devem ser problematizadas. Contudo, o foco deste trabalho é a violência decorrente do conflito racial branco-negro.

Olhar o nosso reflexo no espelho pode ser assustador. Enxergar quem somos por meio do nosso próprio olhar é reconhecer nossas limitações. É tomar de volta tudo que não gostaríamos de ter ou de ser — mas temos e somos — e até então depositamos no "outro". É retirar o véu que encobre a verdadeira história de nossos ancestrais e admitir que nossa herança foi construída por um sistema violento de opressão e exploração, que até hoje nos assegura vantagens raciais. Resgatar a nossa humanidade significa assumir, neste momento, que temos raça — por vivermos em um país onde as relações são racializadas — e que essa raça branca (que nem é raça, do ponto de vista biológico) não é sinônimo de pureza, beleza e verdade, como preferimos até hoje acreditar.

Esse processo de enfrentamento não deve depender apenas da vontade ou do desejo individual do educador. Ações efetivas — como a formação obrigatória na temática étnico-racial, a fiscalização do cumprimento das Leis n. 10.639/03 e n. 11.645/08, a disponibilização de ferramentas para lidar com as questões étnico-raciais no cotidiano da escola e a criação de espaços coletivos de reflexão e diálogo entre escola e família — precisam integrar um projeto institucional. Especialmente no caso de instituições públicas. Não deve caber à escola (ou ao professor) decidir sobre o cumprimento da lei. As leis são mandatórias e seu descumprimento, além de inaceitável, evidencia o racismo institucional.

Referências

AGUIAR, Wanda Maria Junqueira de; OZELLA, Sergio. "Apreensão dos sentidos: aprimorando a proposta dos grupos de significação". *Revista Brasileira de Estudos Pedagógicos*, Brasília, v. 98, n. 236, p. 299-322, jan.-abr. 2013.

BENTO, Maria Aparecida Silva. *Pactos narcísicos no racismo: branquitude e poder nas organizações empresariais e no poder público*. 2002. Tese (doutorado em Psicologia Escolar e do Desenvolvimento Humano) — Instituto de Psicologia, Universidade de São Paulo, São Paulo, 2002.

CARDOSO, Cintia. *Branquitude na educação infantil: um estudo sobre a educação das relações étnico-raciais em uma unidade educativa do município de Florianópolis*. 2018. Dissertação (mestrado) — Programa de Pós-Graduação em Educação, Universidade Federal do Paraná, Curitiba, 2018.

CARDOSO, Lourenço. *O branco ante a rebeldia do desejo: um estudo sobre a branquitude no Brasil*. 2014. Tese (doutorado em Ciências Sociais) — Faculdade de Ciências e Letras, Universidade Estadual Paulista Júlio de Mesquita Filho, Araraquara, 2014.

______. "Branquitude acrítica revisitada e as críticas". *In:* MÜLLER, Tânia Mara Pedroso; CARDOSO, Lourenço (orgs.). *Branquitude — Estudos sobre o branco no Brasil*. Curitiba: Appris, 2017. p. 33-52.

______. *O branco ante a rebeldia do desejo: um estudo sobre o pesquisador branco que possui o negro como objeto científico tradicional*. Curitiba: Appris, 2020. A branquitude acadêmica, v. 2.

DAVIS, Angela. *Mulheres, raça e classe*. Tradução: Heci Regina Candiani. São Paulo: Boitempo, 2016.

DIANGELO, Robin. *Não basta não ser racista, sejamos antirracistas*. Tradução: Marcos Marcionilo. São Paulo: Faro, 2020.

FANON, Frantz. *Pele negra, máscaras brancas*. Tradução: Renato da Silveira. Salvador: Edufba, 2008 [1952].

KILOMBA, Grada. *Memórias da plantação: episódios de racismo cotidiano*. Rio de Janeiro: Cobogó, 2019.

LABORNE, Ana Amélia de Paula. "Branquitude, colonialismo e poder: a produção do conhecimento acadêmico no contexto brasileiro". *In:* MÜLLER, Tânia Mara Pedroso; CARDOSO, Lourenço (orgs.). *Branquitude — Estudos sobre a identidade branca no Brasil*. Curitiba: Appris, 2017.

MARTINS, Anna Luiza Barbosa. *Branquitude e educação: um estudo entre professoras da rede municipal carioca*. 2019. Dissertação (mestrado) — Departamento de Psicologia, Pontifícia Universidade Católica do Rio de Janeiro, Rio de Janeiro, 2019.

ORRICO, Maria Isabel D. *Branquitude crítica dissimulada: desafios da educação para as relações étnico-raciais*. 2021. Tese (doutorado) — Faculdade de Educação, Universidade Estadual de Campinas, Campinas, SP.

SCHUCMAN, Lia Vainer. *Entre o encardido, o branco e o branquíssimo: branquitude, hierarquia e poder na cidade de São Paulo*. São Paulo: Veneta, 2020.

SILVA, Priscila Elisabete da. "O conceito de branquitude: reflexões para o campo de estudo". *In:* MÜLLER, Tânia Mara Pedroso; CARDOSO, Lourenço (orgs.). *Branquitude — Estudos sobre a identidade branca no Brasil*. Curitiba: Appris, 2017.

SOLIGO, Ângela Fátima *et al.* "A Consolidação da Lei 10.639/03 no Município de Campinas — São Paulo: experiências e desafios". *In: Revista da ABPN*, v. 10, Ed. Especial — Caderno Temático: História e Cultura Africana e Afro-Brasileira, p. 265-294, maio de 2018.

7. Descolonização das ciências sociais no Brasil: da branquitude às resistências culturais e epistemológicas

Julie Lourau

Este capítulo é fruto do seminário "Descolonizar as ciências sociais: direitos culturais, uma virada para as políticas culturais? Uma comparação entre a África do Sul, o Brasil e a França"[1], realizado em maio de 2022 na Universidade Estadual Paulista (Unesp) em Araraquara. É também fruto da caminhada de uma pesquisadora francesa branca que vive no Brasil há 15 anos. As pesquisas realizadas, assim como a inserção profissional dessa pesquisadora, servem de pano de fundo e criam um filtro peculiar. Assim, não pretendemos aqui falar da descolonização das ciências sociais brasileiras em geral, mas das minhas experiências nesse campo como pesquisadora e professora engajada na luta antirracista.

O objetivo é analisar as tensões e os conflitos no Brasil entre grupos que historicamente ocupam posições distintas: de um lado, os europeus

1. O seminário foi acolhido na Unesp pelo professor Dagoberto Fonseca, a quem reiteramos nossos agradecimentos. O professor Lionel Arnaud, da Universidade de Toulouse (França), coordenou a pesquisa internacional sobre os direitos culturais e desenvolveu conosco a ideia desse evento ao voltar de um seminário em Cape Town (África do Sul) que reunira pela primeira vez pesquisadores e ativistas envolvidos na pesquisa colaborativa sobre os direitos culturais. A descolonização das ciências sociais tinha sido apontada com insistência por alguns pesquisadores e ativistas culturais sul-africanos e brasileiros. A posição dos pesquisadores franceses foi de curiosidade e resultou na organização desse seminário, graças ao apoio do Consulado Geral da França em São Paulo, do LabEx Université Fédérale de Toulouse e da Faculdade de Ciências e Letras da Unesp, que financiaram o evento, e do Centro de Estudos das Culturas e Línguas Africanas e da Diáspora Negra (Cladin).

brancos e seus descendentes em posição de dominação; de outro, os grupos étnico-raciais não brancos em uma dinâmica de submissão forçada e resistência. Esses últimos foram vistos pelo colonizador como uma entidade a ser tratada em função dos estereótipos que alimentavam e justificavam a empreitada colonial de escravização das populações africanas. Essas pessoas, que haviam sido levadas à força de regiões distintas do continente africano, tiveram suas especificidades culturais apagadas e foram identificadas em uma categoria racial única, capaz de juntar todos os homens, mulheres e crianças sequestrados por um sistema de controle e exploração do corpo e da mente. Essa identidade unificadora era e permanece negativa, sendo atravessada pela posição de dominação que o primeiro grupo, os europeus brancos, impuseram e impõem aos segundos.

Desse fato, podemos dizer que se trata de uma identidade legitimada pelas pessoas no poder e que ela causa desigualdades e danos. Essa empreitada de dominação, baseada em ideologia racista, ainda está vigente e, no campo dos estudos étnico-raciais engajados na luta antirracista, tem sido denominada branquitude. A branquitude é a identidade branca posta como um ideal a ser desejado, mas, ao mesmo tempo, ela se omite no discurso, é invisibilizada. Como bem destaca Cardoso (2017a), o fato é que os brancos não se enxergam como brancos, eles se enxergam pela imagem em negativo que construíram do negro: são o positivo, o desejável. Ausente dos discursos, a branquitude (e os privilégios que ela carrega) se insinua e fica como normalidade, definição padrão, norma (Bento, 2014; Cardoso, 2017b), sendo assim insidiosa, dominadora e perversa.

A branquitude também está nos modos pelos quais o privilégio de ser branco se torna um ideal universal, subjugando todos os não brancos. Portanto, os estudos sobre a branquitude concordam em dizer que é possível ter uma postura crítica a seu respeito (Cardoso, 2017b; Malomalo, 2019) — inclusive por parte dos pesquisadores brancos que são beneficiados por ela —, que consiste em visibilizá-la, denunciá-la e combatê-la. Os estudos críticos sobre a branquitude são, assim, uma possibilidade de luta contra essa ideologia e esse sistema racista.

O campo social estudado aqui é o das ciências sociais, com atenção particular para a questão dos direitos culturais, ponto de partida da reflexão desenvolvida durante a pesquisa internacional e colaborativa entre a França, o Brasil e a África do Sul. Somente o Brasil será abordado aqui. Nossos recursos metodológicos são os da revisão bibliográfica associada à observação de campo e ao desenvolvimento coletivo de ferramentas epistemológicas e políticas com os grupos estudados, no caso, a Casa Cultural Reggae. O trabalho tem como fundamento teórico-crítico as categorias de identidade legitimadora, identidade de resistência e identidade-projeto, desenvolvidas por Munanga (2003).

Neste texto, portanto, estamos interessados na maneira como as ciências sociais brasileiras analisam e são constituídas pelos esforços para construir uma sociedade sobre bases igualitárias, entrelaçando os campos da cultura e da ciência. Trata-se de uma tentativa de sintetizar algumas discussões teóricas em campos como estudos étnico-raciais, antropologia, sociologia, história e campo cultural, mas não pretende ser exaustivo.

Antes de tudo, a pesquisa apresentada aqui é situada e corporificada (Haraway, 1995), ou seja, "contra várias formas de postulados de conhecimento não localizáveis e, portanto, irresponsáveis. Irresponsável significa incapaz de ser chamado a prestar contas" (*ibidem*, p. 22). A ideia é analisar um momento das ciências sociais brasileiras que eu pude observar e, por vezes, participar, inscrevendo-se numa ótica e perspectiva coletiva de luta epistemológica antirracista, representada por esta coletânea sobre branquitude.

Direitos culturais, descolonização e identidade negra

De início, explicaremos o que se entende por "direitos culturais" com base em convenções internacionais; depois, analisaremos o significado que lhe foi atribuído na pesquisa que iniciamos em 2018, a fim de estabelecer sua relação com a descolonização das ciências sociais.

A Declaração Universal sobre Diversidade Cultural da Organização das Nações Unidas para a Educação, a Ciência e a Cultura (Unesco, 2002) afirma que a melhor garantia para manter a paz é evitar conflitos entre culturas e civilizações. Destacamos aqui dois artigos da declaração que versam sobre a dimensão do pluralismo cultural e sobre uma versão do desenvolvimento ancorado na diversidade cultural, que contrastam com definições puramente econômicas do termo:

> Artigo 2 — Da diversidade cultural ao pluralismo cultural. Em nossas sociedades cada vez mais diversificadas, é essencial assegurar uma interação harmoniosa e uma disposição para vivermos junto de pessoas e *grupos com identidades culturais plurais, variadas e dinâmicas.*
> Artigo 3 — Diversidade cultural como fator de desenvolvimento. A diversidade cultural amplia o leque de escolhas abertas a todos; é uma das fontes de desenvolvimento, entendida não apenas em termos de crescimento econômico, mas também como um *meio de alcançar uma existência intelectual, emocional, moral e espiritual satisfatória.* (grifos meus)

Destacamos ainda no artigo 5, "Direitos culturais, um quadro conducente à diversidade cultural", a afirmação de que os direitos culturais são em parte associados ao campo da cultura enquanto mercado e políticas culturais, e em parte a uma definição da cultura no seu sentido mais amplo e antropológico, de práticas e crenças.

> O desenvolvimento da diversidade criativa exige a plena realização dos direitos culturais. [...] Cada pessoa deve, assim, poder exprimir-se, criar e divulgar as suas obras na língua que desejar e em particular na sua língua materna; Todas as pessoas têm direito a uma educação e a uma formação de qualidade que respeitem plenamente a sua identidade cultural; Cada pessoa deve poder participar na vida cultural da sua escolha e exercer as suas próprias práticas culturais, dentro dos limites impostos pelo respeito pelos direitos humanos e pelas liberdades fundamentais. (tradução minha)

A Convenção sobre a Proteção e Promoção da Diversidade das Expressões Culturais (Unesco, 2005) confirma essa ideia e reafirma a noção de direitos culturais, ou seja, o direito de um indivíduo ou grupo de indivíduos de escolher e expressar sua identidade e de ter acesso a suas referências culturais, bem como a todos os recursos necessários para seu processo de identificação.

Em nossa pesquisa, assim como nos tratados internacionais, associamos os direitos culturais às práticas culturais no campo das políticas culturais, mas entendemos que não param por aí. De fato, eles questionam o significado atribuído ao campo cultural e nos permitem abraçar uma visão mais antropológica do termo, na qual a cultura é vista como uma forma de ser, de conceber e organizar o mundo, como "uma estrutura de sentimentos", segundo Raymond Williams (1958). Portanto, estudamos projetos culturais liderados por ativistas negros, entendendo que tais projetos têm o objetivo de rever os marcos filosóficos e institucionais existentes em favor de novos, provenientes de uma matriz cultural negra, diaspórica — matriz cultural que tem sido negada e perseguida historicamente pela sociedade brasileira. O conceito de cultura negra é descrito e conceitualizado por Paul Gilroy (2010, p. 66), que faz uma leitura da produção artística e cultural da diáspora negra em seus intercâmbios e trajetórias transatlânticas: "Proponho, portanto, reler e repensar essa expressiva contracultura, não apenas como uma sucessão de tropos e gêneros literários, mas como um discurso filosófico que recusa a separação — característica da modernidade ocidental — entre ética e estética, cultura e política.

Assim, na diáspora negra, as artes ocupam um lugar político e desempenham papel primordial no projeto de transformação de uma sociedade opressiva em outra que inclui e emancipa: "A música negra constitui uma conquista histórica elementar que nasce de um conjunto de expressões culturais e políticas que abrem um olhar crítico sobre o mundo, do ponto de vista de sua transformação emancipatória" (Gilroy, 2010, p. 67).

Conforme os textos internacionais e a definição de cultura de Paul Gilroy, nosso entendimento dos direitos culturais vai além da esfera do mercado das artes ou da estética: perpassa todos os nossos modos de apreensão e compreensão do mundo, influindo, obviamente, nas escolhas epistemológicas desta pesquisadora. O seminário que originou este capítulo proporcionou um espaço para refletir sobre a dimensão dos direitos culturais nas nossas práticas científicas — ou, pelo menos, pensar até que ponto estávamos prontos a rever tais práticas e com que tipo de ferramentas.

O ponto de partida da pesquisa internacional, constituindo também o elo entre as equipes na França, no Brasil e na África do Sul, foi o estudo de grupos culturais afrodescendentes que têm uma dimensão ativista em favor dos direitos culturais. No Brasil, falar de afrodescendência significa falar de identidade negra, ou seja, a realidade social de "ser e viver negro no Brasil", expressão extraída do livro *O genocídio do negro brasileiro*, de Abdias Nascimento (2016).

Kabengele Munanga (2003), em um texto sobre identidade negra[2], insiste na importância da história e dos contextos distintos que caracterizam as formações identitárias: "Tendo em vista que a construção social da identidade se produz sempre num contexto caracterizada pelas relações de força, podemos distinguir três formas de identidade de origens diferentes" (Munanga, 2003, p. 3). O autor se baseia na obra do sociólogo Manuel Castells denominada *O poder da identidade* (2018) e identifica naturezas possíveis para as identidades, insistindo no fato de que nenhuma dessas classificações é definitiva, já que identidades são contextuais e dinâmicas — estão em perpétuo movimento de redefinição e construção, de acordo com os contextos sociais e atores em jogo.

Assim, temos: a) a identidade legitimadora, que "é elaborada pelas instituições dominantes da sociedade a fim de estender e racionalizar seu domínio sobre os atores sociais" (Munanga, 2003, p. 3); b) a identidade de resistência, que é o fato de os atores sociais em posição de dominação e/ou de estigmatização procurarem existir apesar das lógicas dominantes; c) a identidade-projeto, "quando os atores sociais, com base no material cultural à sua disposição, constroem uma nova identidade que redefine seu lugar na sociedade e, consequentemente, se propõem a transformar toda a estrutura social" (*ibidem*). Utilizaremos essas três categorias para analisar as forças em jogo no Brasil no que diz respeito a identidade, desigualdade social e direitos culturais.

A fim de introduzir essas categorias, retomamos aqui algumas características históricas. O Brasil se tornou colônia portuguesa no século 16, tendo Salvador (BA) como sua primeira capital, fundada em 1549. O modelo colonial adotado por Portugal foi o da exploração (não de colonização), baseado na produção intensiva de cana-de-açúcar e tabaco. Pequenos contingentes militares, religiosos ou administrativos vieram de Portugal para esse fim, mas a maioria da população era composta por indígenas (que foram quase totalmente dizimados) e, sobretudo, por africanos oriundos do tráfico de escravizados.

2. O termo "negro" refere-se a uma identidade e, portanto, não usaremos letra maiúscula. Também corresponde a uma categoria política construída segundo as categorias censitárias preto (cor preta) e pardo (mestiço) para explicar o contexto colonial histórico e o racismo que afeta as populações negras e mestiças do Brasil. No Brasil, essa categoria é utilizada pelos movimentos negros de luta antirracista e por pesquisadores no campo interdisciplinar das relações étnico-raciais.

No século 19, o Brasil declarou sua independência, mas o país ainda era governado por um herdeiro da coroa portuguesa. Em 1888, foi declarada a abolição da escravatura e, em 1889, a República. Entretanto, a abolição foi fruto de negociação e pressão internacionais, e não uma decisão própria. A elite branca brasileira preservou a ideologia escravocrata e não promoveu nenhuma política de integração da população negra na sociedade. Ao contrário, os negros libertos foram enquadrados por normas legais destinadas a controlá-los e incriminá-los (São Bernardo, 2006). A população negra livre foi condenada à miséria e mantida longe das atividades econômicas lucrativas — entre outras coisas, pela falta de acesso à educação.

A identidade legitimadora

Uma reflexão anterior (Lourau, Cavalcante e Santana, 2021) sobre a problematização das desigualdades étnico-raciais no Brasil de um ponto de vista histórico, com base na análise de um livro de Nina Rodrigues, *Os africanos no Brasil*[3], publicado no início do século 20, serve de ponto de partida para definir a identidade legitimadora.

No Brasil, e mais particularmente em Salvador, o médico forense e professor Nina Rodrigues teorizou, no final do século 19, o dito "problema do negro", baseado em sua prática de médico forense. Em seu livro póstumo, ele realiza uma etnografia dos africanos nas ruas de Salvador, a fim de compreender as causas de sua morte — em uma abordagem que pode ter parecido científica em relação às observações feitas, mas é resolutamente ideológica porque se baseou nas teorias racistas da época.

Esse modo de fazer ciência, diretamente influenciado pelos cientistas europeus — que produziam as ditas teorias raciais, visando reafirmar a superioridade da raça branca perante as demais —, parece ter sido uma tendência das ciências sociais brasileiras. Quando, após a Segunda Guerra Mundial, a Unesco promoveu seminários e linhas de pesquisa tendo como propósito reafirmar a não existência das raças humanas do ponto de vista biológico (após

3. Ressalto que estou usando as referências bibliográficas de 2010 dessa obra.

os horrores que tinham sido cometidos pela Alemanha nazista), encomendou a pesquisadores brasileiros estudos para comprovar que o Brasil tinha construído uma nação com base na harmonia racial. Passamos, então, de um pressuposto apresentado como o "problema do negro", iniciado por Nina Rodrigues, à ideia de "harmonia racial", carreada por Freyre (2001), Pierson (1971), Azevedo (1955) e outros.

Ainda com forte influência estrangeira, esse segundo momento defende que o racismo é coisa do passado, um traço conservador, sendo "um problema econômico e educacional e, de nenhum modo, um problema racial" (Pierson, 1971, p. 53). Segundo Bacelar (1997), Pierson conseguiu conectar duas visões opostas no Brasil na sua interpretação da miscigenação de Gilberto Freyre como fator de embranquecimento — tese que até então era proposta pelas teorias racistas que acreditavam no determinismo biológico das raças.

A democracia racial, construída num vaivém de pesquisadores sul-americanos e norte-americanos (Guimarães, 2019), visava comprovar a harmonia racial e presumir um futuro otimista tanto para os negros (com a ideia de possibilidade de ascensão social) quanto para os brancos (o ideal do embranquecimento da raça pela mestiçagem), juntando teorias socioeconômicas com resquícios de teorias raciais. Na realidade, a democracia racial, como ideologia a serviço da branquitude, tinha como ideal um ser mestiço que embranqueceria (corpo e alma) e resolveria "o problema do negro", dissolvendo-o a ponto de ele desaparecer. A cultura se torna o elemento decisivo para manter a supremacia branca europeia, transformando as hierarquias raciais em hierarquias culturais e mantendo os mesmos princípios de dominação de um lado e de controle/exploração do outro.

Donald Pierson teve dupla importância para a sociologia e a antropologia brasileiras: além de introduzir métodos de campo inovadores, ele ajudou a consolidar a ideia de "harmonia racial". Essa tese serviu de base teórica para Thales de Azevedo no clássico *As elites de cor* (1955), escrito a pedido da Unesco. Na obra, ele defendia que não havia barreiras legais à ascensão social, desde que se adotassem os modos europeus. Para o autor, a questão deixava de ser biológica para se tornar cultural: era preciso "apresentar-se bem", seguindo critérios estéticos e de comportamento europeus, como as boas maneiras.

Nesse contexto, o conceito de "raça" perdeu centralidade por dois motivos principais: por um lado, sua inutilidade biológica foi cientificamente comprovada; por outro, o racismo passou a ser visto como um problema superado, restrito ao passado ou a grupos conservadores. As ciências sociais progressistas preferiram aderir a uma imagem de desenvolvimento econômico e capitalista capaz de levar os brasileiros rumo à ascensão social. Com isso, teorias cuja questão central era o viés econômico ou a luta das classes imperaram durante muito tempo, invisibilizando um racismo estruturante que moldava a ausência da problemática das relações raciais no Brasil. Vale lembrar que a carreira intelectual no país foi quase sempre reservada a uma elite branca, que não via interesse em questionar os próprios privilégios.

Não obstante, apesar dessa franja majoritária, uma ciência social crítica e atenta aos problemas raciais, mesmo que de modo marginal, existiu e progrediu no Brasil. Os estudos sobre a branquitude (Ware, 2004; Bento e Carone, 2014; Müller e Cardoso, 2017) são um bom exemplo, assim como as discussões sobre a violência sistêmica contra os negros no país, que tem tristes recordes de homicídios de jovens negros (Cavalcante, 2019) e de encarceramento de pessoas negras.

É interessante que, no segundo período, o da "democracia racial", a população negra ainda aparece como um problema para as ciências sociais, que sempre apontam a questão da carência (econômica, social, cultural) do povo negro e nunca questionam o contexto cultural eurocêntrico imposto, que exclui e mantém essa população na margem social, moral e econômica. Apesar disso, na construção ideológica do discurso da identidade nacional, que bebe na fonte da branquitude, o Brasil é um país cordial, composto por pelo menos três raças — a branca, a negra e a indígena — que convivem harmoniosamente e que produziram uma cultura alegre, colorida e aconchegante.

Mais recentemente, autores e ativistas negros questionaram a democracia racial e a denunciaram como ideologia do privilégio branco, que tem servido para ocultar o racismo estruturante e sistêmico. Henrique Cunha Junior (2019), em seu artigo sobre bairros negros, critica a maneira como as ciências (no seu caso, a geografia) tratam (problematizam) a cidade. Ele aponta vários problemas, como o fato de que as ciências sociais são eurocêntricas e baseadas em categorias culturais — sendo o melhor exemplo, talvez, a pretensão à universalidade. O autor aponta que o problema da desigualdade é estrutural, e não, como como acontece na pesquisa em ciências sociais, uma abordagem de brancos sobre negros, do negro como ser isolado, do negro enquanto minoria etc. É com base nessa estrutura crítica que ele desenvolve o conceito de "bairro negro" para estudar os bairros periféricos, afastando-se dos preconceitos sobre violência e imoralidade que dominam as ciências sociais eurocêntricas, partindo da vivência que pesquisadores têm deles.

Citando Gohn (1997), Cunha (2019, p. 79) ressalta ainda que, "nas ciências sociais, a existência de movimentos sociais configura a existência de problemas sociais". Assim, o problema do racismo antinegro deveria existir para as ciências sociais, mas é apagado por motivos ideológicos, correspondendo ao contexto da democracia racial.

Em outra área, advogados e pesquisadores propõem uma leitura dos códigos civis sob o Império português e demonstram que as políticas repressivas estavam realmente presentes nos quadros legais, apesar da ideia de que o tratamento racial no Brasil era mais brando do que em outros espaços coloniais administrados pelo *apartheid*. São Bernardo (2005), intelectual negro da área do direito, em uma análise dos artigos do Código Penal Imperial, mostra como os negros foram criminalizados em virtude de suas manifestações culturais e religiosas. Ele aponta que os homens da lei possuíam escravizados e eram, portanto, motivados por interesses próprios.

Atualmente, existem reflexões interdisciplinares sobre a possibilidade de um pluriculturalismo. Essa abordagem envolve a construção de um direito com perspectiva intercultural, que se inspira tanto na filosofia africana quanto em experiências latino-americanas. Bas'Ilele Malomalo (2019) fala, por exemplo, de direitos biocósmicos em discussões sobre o direito à natureza, usando o termo em consonância com a filosofia africana do Ntu e não na binaridade natureza/cultura, como é feito na modernidade ocidental. A concepção de que o ser humano e a natureza partilham uma relação de dependência, pertencimento e equilíbrio — na qual ambos são colocados no mesmo nível — é o ponto de partida para trabalharmos as identidades de resistência.

A identidade de resistência

Diferentes correntes críticas alimentam o pensamento decolonial na América Latina, tais como a teoria da libertação ou a teoria do sistema-mundo. Em 1998, nos Estados Unidos, um colóquio deu origem a um grupo intergeracional e transdisciplinar chamado Grupo Modernidade/Colonialidade, do qual participaram autores como Aníbal Quijano (Peru), Enrique Dussel (Argentina/México) e Walter Mignolo (Argentina/Estados Unidos). Tais autores demonstraram, em seus estudos, a estrutura colonial das sociedades latino-americanas, utilizando conceitos que se tornaram fundamentais para os estudos decoloniais. Refiro-me, por exemplo, ao de *encobrimento* para refutar a ideia de descobrimento das Américas, a fim de sublinhar o domínio cultural que ocorreu; e, ainda ao conceito de *colonialidade*, desenvolvido por Quijano (2002), que aponta para a estrutura colonial das sociedades latino-americanas em sua dimensão de raça, gênero e trabalho e sublinha o epistemicídio produzido pela ciência ocidental, que é, acima de tudo, etnocêntrica.

Enrique Dussel (1993), por exemplo, desenvolve uma crítica à modernidade denunciando a construção cultural induzida por ela. Tal construção tem como elementos centrais valores europeus resultantes de uma série de eventos importantes, tais como a Reforma Protestante, o Iluminismo e a Revolução Francesa, que foram colocados como valores universais e consequência do processo bem-sucedido de civilização. Na lógica por trás dessa construção cultural, tudo que não é o si próprio é o Outro, marcado por atributos negativos: "culpa", "preguiça", "covardia" e "involução civilizadora", atributos que foram pensados como inatos e condenavam inexoravelmente os povos asiáticos e africanos.

Em Portugal, o centro de estudos sociais de Coimbra (em colaboração com outros centros da América Latina e da África) trabalha com as epistemologias do Sul inspirado na teoria do sistema-mundo, que divide o mundo em Norte Global e Sul Global. As pesquisas evidenciam que as elites brancas da América Latina fazem parte do Norte Global, enquanto as populações racializadas da Europa fazem parte do Sul Global. Além disso, as epistemologias do Norte mantêm uma ordem global na qual este domina o Sul. Já as epistemologias do Sul, mais enraizadas em sua realidade, abrindo espaço para outras lógicas culturais e partindo delas, são as que devem ser adotadas para desconstruir uma ordem mundial colonial.

Além disso, muitos autores, na maioria negros, destacam os meios utilizados pelas populações escravizadas e subalternizadas do Brasil para sobreviver à imposição cultural da elite branca dominante (europeia ou eurodescendente) (Laborne, 2017). Foi notadamente nos anos 1980, ainda sob a ditadura militar, que o Brasil introduziu um sistema de exames de admissão à universidade baseado em critérios de mérito, o que permitiu a uma pequena geração de pesquisadores negros ter acesso ao doutorado (antes reservado à elite branca). Assim, trata-se de intelectuais, "mas de um tipo diferente, porque produzem conhecimentos que visam tornar visíveis subjetividades, desigualdades, o que é silenciado e omitido sobre certos grupos sociorraciais e suas experiências" (Gomes, 2010, p. 495). Essas características também se referem ao feminismo negro, que advoga por uma ciência situada e baseada no lugar de fala, dando origem, por exemplo, ao conceito de interseccionalidade para analisar as múltiplas cargas negativas vivenciadas pelas mulheres negras.

Desde o início dos anos 2000, as políticas de cotas[4] têm sido implementadas em universidades brasileiras. A partir de 2012, uma lei federal garantiu a reserva de vagas em instituições de ensino superior sob critérios sociais e étnico-raciais. Essas políticas permitiram que muitos estudantes negros e pobres tivessem acesso ao ensino superior e mudassem a universidade de dentro. Afinal, sua voz podia ser ouvida em salas de aula, denunciando o tratamento que frequentemente lhes é conferido[5] e a grade curricular dos cursos que violenta as populações negras, indígenas e LGBTQIAPN+.

A história e os códigos morais são os da elite branca. Eles entram em choque com os estudantes negros e indígenas que utilizam sua inserção na universidade para os denunciar. Falar de "minorias sociais" na presença dos alunos que ingressaram com cotas raciais obriga a rever o vocabulário e, às vezes, o currículo do curso. O privilégio branco na ciência, que historicamente posicionou populações negras e indígenas como objeto de estudo, também está sendo desafiado. Estudantes engajados lutam para promover epistemologias que invertam essa lógica, permitindo que eles mesmos sejam os produtores de conhecimento, com pesquisas que partem de suas experiências para explicar o mundo.

---

4. Essas políticas são resultado da luta dos movimentos negros. Já haviam ocorrido fortes mobilizações nos anos 1980, durante a Constituinte que se seguiu à ditadura militar. Elas se acentuaram nas décadas de 1990 e 2000, culminando com a Conferência de Durban sobre o Racismo.

5. Há muitas reservas a respeito dessas políticas de ação afirmativa. Entre elas, a ideia de que os beneficiários teriam obtido a posição injustamente e, de alguma forma, teriam privado outra pessoa da vaga, ou que as cotas poderiam baixar o nível dos estudos.

É interessante voltar à questão da invisibilidade levantada por Nilma Gomes (2010), pois ela está na base das críticas feitas à branquitude — a identidade branca que não é dita, mas é desfrutada por uma parte da população como privilégio, em detrimento daqueles que sofrem as consequências por sua cor de pele e origem racial (Soumahoro, 2020). Esse pacto social silencioso da população branca em relação a si mesma visa manter sua posição dominante na sociedade e contribui para a perpetuação da supremacia branca. Melissa Steyn (2004, p. 115) a define como "uma construção ideológica do projeto modernista de colonização que funciona muito bem [...]. Um pilar do poder: os brancos, como grupo privilegiado, transformam sua identidade em um padrão e modelo pelo qual outros grupos devem ser medidos".

Diante disso, nasceu e perpetuou-se uma cultura de resistência no Brasil, que encontrou seu espaço de desenvolvimento nas artes e na cultura festiva — muito antes das ciências sociais, que por longo tempo foram reservadas à elite. O carnaval, por exemplo, funciona como um interstício social, um "espaço-tempo liminar" (Agier, 1999; Turner[6], 1969). Foi nesse espaço que a afirmação cultural se tornou possível, dando visibilidade a manifestações que eram proibidas ou ocultadas, como a estética negra, os tambores sagrados e a espiritualidade.

Os grupos afro do carnaval de Salvador, que surgiram nos anos 1970, são um bom exemplo de afirmação de identidade tendo a África como referência. O ato de desfilar com roupas e tecidos africanos ao som de tambores nas ruas de Salvador era impensável, pois era visto como imoral e proibido. A estrutura ritual do carnaval permitiu que isso acontecesse (não sem dificuldades) (Agier, 1999). A identidade africana, perseguida pelos costumes europeus (as boas maneiras), encontrou um caminho para existir no palco carnavalesco.

Deve-se dizer que a ocupação da rua pelas populações negras durante o carnaval é antiga e deu um novo rosto a essa festa, que, trazida pela elite branca, era inicialmente um encontro nos salões (Queiroz, 1980). Na verdade,

---

6. O antropólogo britânico Victor Turner desenvolve sua teoria de *Communitas*, ou seja, uma forma de antiestrutura propiciada por um momento ritual que coloca temporariamente os participantes fora da estrutura social, momento que ele teoriza com base no conceito de liminaridade. Ele se baseia nas ideias de Arnold Van Gennep, etnólogo francês que escreveu bastante sobre as festas populares. Agier utiliza o termo na acepção de Turner, mesmo reconhecendo o aporte de Van Gennep.

a ocupação da rua por africanos livres ou escravizados (sobretudo os escravizados de ganho que viviam na cidade) remete a uma longa história e nos leva a pensar na rua como uma espécie de interstício ou espaço autorizado para os trabalhadores negros.

Uma tradição africana de trabalho de rua (transporte de cargas e venda de artesanato e alimentos) caracteriza os trabalhadores dos "cantos" (esquinas de rua ou largos). Descritos desde meados do século 19, eles ocupam as ruas de Salvador, especialmente em torno do porto, e realizam o trabalho pesado de transporte de cargas entre a cidade baixa (o porto) e a cidade alta (as residências e a estrutura administrativa). Sua estrutura de trabalho, bem analisada pelo historiador João José Reis (2019), não respeita a ordem estabelecida e denomina "capitão" (o encarregado da esquina) tanto homens livres quanto escravizados de ganho.

Apesar do tratamento humilhante que recebem da administração local, eles têm um enorme poder político e econômico. Reis (2019) mostra que as grandes revoltas tiveram como ponto de partida as estruturas sociais dos "cantos". Vistos de fora (pela administração e pelo público) como aglomerações de pessoas que nem sempre estavam ativas (entre as atividades de transporte, os homens descansavam ou trançavam palha para fazer chapéus e outros objetos), eles eram criticados e, às vezes, suscitavam ciúmes. Essa tradição se reflete hoje, em parte, no chamado comércio informal, que ainda está sob o controle da prefeitura e das autoridades públicas, mas continua na ocupação da rua.

No caso das festas populares, em Salvador, os barraqueiros[7] também dão vida à religiosidade afro-brasileira do candomblé nos locais cedidos pela Igreja católica (a praça em frente à igreja ou outros espaços próximos, antes e depois da cerimônia religiosa) (Lourau, 2015). A festa, a música, a dança e a rua são, assim, os espaços intersticiais nos quais a identidade da resistência ocorre, criando brechas no mecanismo destinado a controlar a população negra. Eles são os lugares de expressão e visibilidade da cultura e da organização política da África negra soteropolitana.

Desde os anos 2000, sob a influência das redes sociais, entre outras coisas, uma estética afro tornou-se possível. Nela, o cabelo crespo pode existir,

7. Vendedores ambulantes das festas populares.

enquanto antes era percebido e decretado como "cabelo ruim", sendo a norma (e exigência social) para as mulheres negras alisá-lo.

Esses avanços culturais têm um lado perverso, pois o lucro das indústrias musicais e cosméticas são, sem dúvida, enormes, enquanto os preconceitos, por mais que tenham perdido espaços, ainda existem. Assim, apesar desses avanços, ainda existem no senso comum fortes preconceitos contra a estética e o corpo negros. É o caso, por exemplo, dos *dreadlocks*, o cabelo utilizado pelos rastafáris, ainda muito associado a uma vida marcada pelo uso de maconha; aqueles que usam o penteado recebem forte repressão da polícia e grande rejeição da população.

A identidade-projeto e a possibilidade de escrever um capítulo de sua história

Os exemplos desenvolvidos na seção anterior às vezes se tornam identidades-projeto. É o caso dos africanos dos cantos que organizam suas revoltas e dos grupos culturais que exibem uma identidade negra e africana durante o carnaval, quando os sinais da África são simbolicamente e, às vezes, materialmente perseguidos. É a luta contra o racismo que permite a introdução de políticas de cotas para a entrada na universidade etc.

Agora, analisaremos a questão do ativismo cultural com base na atuação de Jussara Santana e seu projeto de Casa Cultural Reggae. Voltando à identidade-projeto, Munanga (2003, p. 3-4) diz que ele é

> o que acontece, por exemplo, quando o feminismo abandona uma simples defesa da identidade e dos direitos da mulher para passar à ofensiva, colocar em causa o patriarcado, ou seja, a família patriarcal, todas as estruturas de produção e reprodução, da sexualidade e da personalidade, sobre as quais as sociedades estão historicamente fundadas.

Para os ativistas culturais que trabalham com a identidade negra, a identidade-projeto pode tomar diferentes caminhos, inspirados no repertório diaspórico comum do antirracismo e da emancipação, conforme definição de contracultura feita por Gilroy (2010).

Em Salvador, Jussara Santana, mulher negra que usa *dreadlocks*, enfermeira e produtora cultural, criou, em 2018, a Casa Cultural Reggae, espaço cultural dedicado à cultura *reggae* nas ruas restauradas do centro histórico do Pelourinho. Essa ativista cultural[8], que também atua no movimento negro, luta contra o racismo e pelos direitos da população negra. Além disso, promove o *reggae* (Bloco Aspiral do Reggae) há mais de 20 anos e propõe atividades que se inscrevem nos objetivos do pan-africanismo de conscientização e emancipação. Por exemplo, são organizadas discussões em torno dos heróis do panteão negro que lutaram pela libertação de seu povo (heróis brasileiros, como Zumbi dos Palmares e Dandara, e personalidades internacionais, como Nelson Mandela), mas também são oferecidos *workshops* sobre turbantes e filosofia rastafári, destacando, assim, uma cultura e uma filosofia específicas que fazem parte da diáspora negra.

A Casa Cultural Reggae é uma criação cultural periférica vista como uma forma de resistência e construção política: "Reggae Resistência" é um lema da comunidade *reggae*. Mais do que uma simples inserção na cena musical, o *reggae* é trabalhado como filosofia de vida e ferramenta de emancipação por meio de seus valores culturais. Essa abordagem coincide com a dimensão política e decolonial da arte negra desenvolvida por Paul Gilroy (2010).

As ações realizadas por Jussara Santana constituem uma identidade-projeto, na medida em que relacionam ativismo político e ativismo cultural, buscando criar brechas nos marcos legais, a fim de promover uma música que sofre forte preconceito no Brasil. É, portanto, uma ação que se dá tomando-se por base a política. Desse fato, ter militância política foi decisivo, assim como ter uma rede de contatos (oriunda do movimento negro). Isso lhe permitiu participar da criação do Dia do Reggae em nível nacional e municipal. Com o reconhecimento institucional do *reggae*, torna-se possível pedir investimentos e políticas públicas que garantam a existência e a difusão desse estilo musical. O trabalho realizado é coletivo e de longo prazo, mas permite àqueles que se reconhecem na comunidade *reggae* vislumbrar um futuro possível se projetar além da realidade de miséria a que são geralmente conduzidos.

É inegável que existem jogos de força na identidade-projeto. É importante salientar que, apesar de criar possibilidades, esse projeto impõe certas

---

8. Termo que ela própria usa para se apresentar.

linhas que não são aceitas por todos aqueles ligados ao *reggae*. De fato, se no plano político ou do marketing pode-se falar em "comunidade *reggae*", na realidade, as pessoas que se reconhecem (ou não) nela são diversas. Por exemplo, enquanto alguns usuários de *dreadlocks* seguem os princípios rastafári, outros, não. Alguns entendem o sucesso como uma falha em relação à filosofia rasta, enquanto outros não se definem apenas pelo *reggae*, pois são artistas que transitam entre diversos estilos. Assim, toda identidade-projeto que se institucionaliza, mais cedo ou mais tarde, proverá novas configurações de poder e proporcionará novas rupturas e, quiçá, identidades de resistência. Porém, em relação à identidade legitimadora da branquitude, é inegável que a Casa Cultural Reggae se configura como um avanço importante.

Conclusão

Muitas formas de resistência existem e persistem no Brasil para combater a estrutura colonial da sociedade, que mantém as populações não brancas em estado de subalternidade. As identidades-projeto servem para construir um mundo habitável para aqueles que são excluídos da estrutura da normalidade social branca e mantidos a distância. As tensões entre as identidades legitimadoras e as identidades de resistência permitem a abertura de brechas. A cultura é, por excelência, o espaço de resistência e projeto; as ciências o são menos porque, durante muito tempo, estiveram reservadas à elite branca. A coconstrução da descolonização das ciências com as artes e a cultura é, portanto, uma estratégia interessante, ainda que necessite de mecanismos para evitar que sejam reproduzidas as configurações de dominação.

Em uma pesquisa que envolve pesquisadores brancos sobre realidades negras, a coconstrução de quadros epistemológicos é primordial. A existência do seminário em Araraquara foi, de algum modo, uma resposta dos pesquisadores franceses às inquietações decoloniais apresentadas por professores e ativistas culturais brasileiros e sul-africanos. O evento permitiu discussões e expôs posicionamentos distintos, proporcionando pequenos tremores no edifício secular da ciência eurocentrada. O seminário deixou claro que as epistemologias e metodologias fundadoras de certas disciplinas servem para excluir sistematicamente as ideias que contrariam os interesses das elites brancas.

Desse modo, os pesquisadores que buscam se abrir às problemáticas do racismo e das ciências decoloniais e não fazem uma verdadeira revolução interna (pessoal e em sua área científica) poderão "consumir" os decoloniais, mas não "produzir" uma ciência decolonial.

De todo modo, as ciências e as artes eurocêntricas continuam sendo as mais financiadas, mas isso não impede que aqueles que desejam se envolver em uma ciência crítica e decolonial formem sua rede de resistência.

Como produções culturais situadas, as ciências sociais precisam deixar seu traje colonial e ousar abraçar outras matrizes culturais. Não esqueçamos que os direitos culturais devem proporcionar "uma existência intelectual, emocional, moral e espiritual satisfatória" (Unesco, 2002). Nesse sentido, como aponta Cunha (2019), é necessário fazer uma crítica do universalismo e engajar mais epistemologias que têm como fundamento uma visão situada. Só assim será possível desenvolver mais teorias e conceitos afrocêntricos que partam da experiência vivida e da história da população negra no Brasil.

O projeto decolonial tem, entre outras finalidades, o objetivo de desobjetificar as populações negras nas ciências sociais, princípio que deve nortear os pesquisadores brancos que estudam pessoas negras. Sem dúvida, é possível tomar algumas precauções. Os pesquisadores brancos que desejam trabalhar a realidade vivida pela população negra podem se associar a pesquisadores negros e dialogar (ou coconstruir) com os participantes da pesquisa sobre os problemas a ser trabalhados. Produzir mais estudos sobre os brancos e a branquitude é, talvez, uma contribuição ainda mais valiosa por parte dos pesquisadores brancos que querem se aliar à luta antirracista.

Referências

AGIER, Michel. *L'Invention de la ville — Banlieues, townships, invasions, et favelas*. Paris: Archives Contemporaines, 1999.

AZEVEDO, Thales. *As elites de cor — Um estudo de ascensão social*. São Paulo: Companhia Editora Nacional, 1955.

BACELAR, Jeferson. "Donald Pierson e os brancos e pretos na Bahia". *Horizontes Antropológicos*, Porto Alegre, ano 3, n. 7, p. 129-143, nov. https://doi.org/10.1590/S0104-71831997000300008.

BENTO, Maria Aparecida Silva; CARONE, Iray (orgs.). *Psicologia social do racismo — Estudos sobre branquitude e branqueamento no Brasil*. 6. ed. Petrópolis: Vozes, 2014.

CARDOSO, Lourenço. "O branco não branco e o branco-branco". *In:* MÜLLER, Tânia M. P.; CARDOSO, Lourenço. *Branquitude — Estudos sobre a identidade branca no Brasil*. Curitiba: Appris, 2017a.

______. "A branquitude acrítica revisitada e as críticas". *In:* MÜLLER, Tânia M. P.; CARDOSO, Lourenço. *Branquitude — Estudos sobre a identidade branca no Brasil*. Curitiba: Appris, 2017b.

CASTELLS, Manuel. *O poder da identidade*. Rio de Janeiro: Paz e Terra, 2018.

CAVALCANTE, Andaraí Ramos. *Corpos enforcados, destroçados e desaparecidos — Violência contra jovens negros em Salvador*. Tese (doutorado em Políticas Sociais e Cidadania), Universidade Católica do Salvador, Salvador, 2019.

CUNHA JUNIOR, Henrique. "Bairros negros — A forma urbana das populações negras no Brasil". *Revista da ABPN*, [*s. l.*], v. 11, ed. especial, p. 65-86, abr. 2019. Disponível em: https://abpnrevista.org.br/site/article/view/683/611. Acesso em: 3 set 2025.

DUSSEL, Enrique. *1492, a origem do encobrimento do outro — A origem do mito da modernidade*. Petrópolis: Vozes, 1993.

FREYRE, Gilberto. *Casa-grande & senzala*. 42. ed. Rio de Janeiro: Record, 2001.

GOHN, Maria da Glória. *Teoria dos movimentos sociais — Paradigmas clássicos e contemporâneos*. São Paulo: Loyola, 1997.

GILROY, Paul. *L'Atlantique noir — Modernité et double conscience*. Paris: Amsterdam, 2010.

GOMES, Nilma L. "Os intelectuais negros e produção do conhecimento — Algumas reflexões sobre a realidade brasileira". *In:* SANTOS, Boaventura de Sousa; MENESES, Maria Paula Meneses (orgs). *Epistemologia do Sul*. Rio de Janeiro: Almedina, 2010.

GUIMARÃES, Antônio Sérgio Alfredo. "A democracia racial revisitada". *Afro-Ásia*, Salvador, n. 60, 2019.

HARAWAY, Donna. "Saberes localizados — A questão da ciência para o feminismo e o privilégio da perspectiva parcial". *Cadernos Pagu*, Campinas, v. 5, p. 7-41, 1995.

LABORNE, Ana A. de Paula. "Branquitude, colonialismo e poder — A produção do conhecimento acadêmico no contexto brasileiro". *In:* MÜLLER, Tânia M. P.;

CARDOSO, Lourenço. *Branquitude — Estudos sobre a identidade branca no Brasil*. Curitiba: Appris, 2017.

LOURAU, Julie. "Comércio informal em tempo de festas". *Cadernos do Ceas*, Salvador, n. 235, p. 74-92, 2015.

LOURAU, Julie Sarah; CAVALCANTE, Andarai; SANTANA, Stela. "Do 'problema do negro' às dificuldades de 'ser e viver negro' no Brasil: algumas reflexões afrocentradas e antirracistas". *Revista ABPN*, v. 13, n. 36, p. 189-217, 2021. Disponível em: https://abpnrevista.org.br/site/article/view/1222. Acesso em: 3 set. 2025.

MALOMALO, Bas'Ilele. "Filosofia africana do Ntu revisada e a defesa de direitos biocósmicos". *Revista Problemata*, v. 10, n. 2, p. 76-92, 2019.

MÜLLER, Tânia M. P.; CARDOSO, Lourenço. *Branquitude — Estudos sobre a identidade branca no Brasil*. Curitiba: Appris, 2017.

MUNANGA, Kabengele. "Diversidade, etnicidade, identidade e cidadania". Palestra proferida no I Seminário de Formação Teórico-Metodológica, São Paulo (SP), 2003.

NASCIMENTO, Abdias. *O genocídio do negro brasileiro — Processo de um racismo mascarado*. São Paulo: Perspectiva, 2016.

NINA RODRIGUES, Raimundo. *Os africanos no Brasil*. Rio de Janeiro: Centro Edelstein de Pesquisas Sociais, 2010. Disponível em: https://static.scielo.org/scielobooks/mmtct/pdf/rodrigues-9788579820106.pdf. Acesso em: 4 set. 2025.

PIERSON, Donald. *Brancos e pretos na Bahia — Estudo de contacto racial*. São Paulo: Companhia Editora Nacional, 1971.

QUEIROZ, Maria Isaura. "Evolução do carnaval latino-americano". *Ciência e Cultura*, São Paulo, v. 32, n. 11, p. 1477-86, 1980.

QUIJANO, Aníbal. "Colonialidade, poder, globalização e democracia". *Revista Novos Rumos*, Marília, v. 17, n. 37, p. 4-28, 2002.

______. "Colonialidade do poder, eurocentrismo e América Latina". *In:* LANDER, Edgardo (org.). *A colonialidade do saber — Eurocentrismo e ciências sociais. Perspectivas da América Latina*. Buenos Aires: Clacso, 2005.

REIS, João José. *A greve negra de 1857 na Bahia*. São Paulo: Companhias das Letras, 2019.

SÃO BERNARDO, Augusto Sérgio. "Ética da diferença e criminalização racial". *In:* Anais do XIV Encontro Nacional do Conselho Nacional de Pesquisa e Pós-Graduação em Direito (Conpedi). Florianópolis (SC), 2006.

SOUMAHORO, Maboula. *Le triangle et l'hexagone. Réflexions sur une identité noire.* Paris : Découverte, 2020.

STEYN, Melissa. "Novos matizes da 'branquidade': a identidade branca numa África do Sul multicultural e democrática". *In:* WARE, Vron (org.). *Branquidade — Identidade branca e multiculturalismo.* Rio de Janeiro: Garamond, 2004.

TURNER, Victor. *O processo ritual — Estrutura e antiestrutura.* Tradução: Nancy Campi de Castro. Petrópolis: Vozes, 2013.

UNESCO. *Declaración universal sobre la diversidad cultural.* Documento preparado para a Cúpula Mundial sobre o Desenvolvimento Sustentável, 26 de agosto a 4 de setembro de 2002. Disponível em: https://unesdoc.unesco.org/ark:/48223/pf0000127162_spa. Acesso em : 4 set. 2025.

______. *La Convención sobre la Diversidad de las Expresiones Culturales de 2005.* Disponível em: https://www.unesco.org/creativity/es/2005-convention.

WARE, Vron (org.) *Branquidade* — identidade branca e multiculturalismo. Rio de Janeiro: Garamond, 2004.

WILLIAMS, Raymond. *Culture and society — 1780-1950.* Londres: Chatto and Windus, 1958.

8. Tonalidades de branquitude numa trajetória acadêmica: descobertas e vivências

Paride Bollettin

A universidade é um espaço aberto? Essa pergunta vem sendo debatida em inúmeras publicações, textos e encontros. Diante dela, surge a necessidade de refletir sobre os posicionamentos e as trajetórias que constituem tal espaço — físico, social e institucional — como lugar de inclusão e exclusão. Essas dinâmicas afetam e são afetadas pelas possibilidades de continuação e subversão da ordem social, de um lado, e de seus arranjos epistemológicos, de outro.

Como instituição, a universidade consolida uma ordem social que sedimenta hierarquias e discriminações. Como grupo de pessoas, ela pode assumir uma dimensão de insubmissão e propor novas posições individuais e coletivas. Vários debates apontam para a imprescindibilidade de se sublinhar quais pessoas acessam, circulam, permanecem e ocupam os espaços das universidades, destacando como essa questão é central, sob pena de recair-se na falácia de uma suposta "neutralidade" epistemológica, fruto da separação entre corpos e mentes (Hooks, 2013; Kilomba, 2019).

Assim, a crescente participação, visibilidade e insurgência de setores sociais outrora (e ainda) excluídos nos espaços acadêmicos implica a urgência de refletir sobre os encontros e desencontros que se configuram nesses espaços. Além da ilusória inclusão da diversidade por meio de práticas mais ou menos institucionalizadas, é preciso refletir sobre as "narrativas felizes" (Bell e Hartmann, 2007) que silenciam aqueles que visam uma mudança mais radical e uma universidade mais inclusiva.

As propostas epistemológicas contra-hegemônicas de autores e autoras indígenas, por exemplo, desafiam métodos e estruturas consolidadas do fazer acadêmico e forçam uma revisão de suas hierarquias, formas e vozes (Baniwa, 2023; Bollettin, 2023). Discutir a abertura da universidade à diversidade, portanto, implica deixar para trás discursos que promovem o pluralismo harmonioso — uma retórica vazia que esconde estruturas de poder de classe, gênero e etnicidade, entre outras (Mohanty, 2003).

Trata-se, ao contrário, de pensar estratégias concretas de desfazimento das estruturas de poder que reproduzem hierarquias sociais e epistemológicas no universo acadêmico, por exemplo, ao mudar a política de citações (Craven, 2021), "criando conhecimento" ao invés de "produzir conhecimento" (Diallo e Friborg, 2021), ou ainda mobilizando outras linguagens (Leonard, 2021).

Neste texto, pretendo descrever uma trajetória que se entrecruzou, ao longo de cerca de duas décadas, com lugares, pessoas, narrativas e ações, em um vaivém entre Europa e Brasil. A ideia de trajetória segue a sugestão de Bourdieu (1986): trata-se de uma série de posições sucessivamente ocupadas por uma pessoa em evolução.

Acompanhar uma trajetória, assim, deve ser um exercício de mapeamento das influências e das redes sociais que afetam, orientam e direcionam os movimentos sucessivos. Isso não quer dizer que a subjetividade específica e mutante de quem escreve seja "neutra". Ao contrário, ela é crucialmente afetada pela incorporação da memória social (Connerton, 1999). Essa memória, por sua vez, traz à luz (nas marcas subjetivas e intersubjetivas) ações, conversas, narrativas, situações e lugares significativos que, ao se constituírem como "acontecimentos", movem a trajetória adiante (Ricoeur, 2007). Tais acontecimentos não se apresentam como relatos neutros, mas são afetados pela retrospectividade, que faz da imaginação um elemento cognitivo de multiplicação das possibilidades (Durand, 2001).

Trajetórias ao, no e do Brasil

Entre os inúmeros acontecimentos que poderiam marcar o início dessa trajetória, escolhi um específico que determinou muitos dos desdobramentos sucessivos. Em agosto de 2002, durante um ensolarado verão italiano, recebi o livro *Tristes tropiques* (Lévi-Strauss, 1955) de presente — alguns anos antes, ainda estudante de economia, eu viajara pelo Brasil para acompanhar o Movimento dos Trabalhadores Rurais Sem Terra (MST). A obra relata a trajetória do antropólogo francês no Brasil e mostra como os acontecimentos — e sobretudo os povos indígenas — dessa viagem o afetaram. Encantado por essa trajetória, resolvi mudar de área para seguir esse caminho e tentar me tornar antropólogo.

No percurso de formação, realizado em diferentes universidades na Itália, tive a sorte de ser generosamente acolhido pelos mebengokré, um povo de língua gê que habita o estado do Pará, na terra indígena Trincheira-Bacajá (Bollettin, 2020). Comecei a trabalhar com esses amigos ainda na graduação, relação que se estendeu pelo mestrado, pelo doutorado e continua até hoje, como mencionarei em seguida. Ao longo desses anos, vários temas surgiram e entraram em debate, entre "clássicos" e "inovadores", como usualmente acontece nos percursos de formação (Sanabria, 2015).

Alguns desses temas tratavam de "relações étnicas", discutidas com base no papel do(a) investigador(a) e de conceitos como "margens" (Barth, 1969) e "comunidades imaginadas" (Anderson, 1983), entre outras abordagens.

No contexto acadêmico italiano em que eu me formava, por limitação temporal, pela ênfase específica de discentes e docentes ou, ainda, por certa herança marxista nos debates na Itália (Cirese, 1972), as discussões concentravam-se, sobretudo, nos processos de "construção" dos coletivos em perspectiva étnica. Nesse panorama, minhas experiências prévias no Brasil com os mebengokré definiram uma posicionalidade[1] específica.

Entre o jocoso e o sério, a trajetória no Brasil definia uma imagem de "antropólogo clássico" entre meus pares, por viajar a um lugar "exótico" (Teixera-Pinto, 2018) numa definição de etnografia oposta ao "fazer contemporâneo", hipoteticamente focado em contextos *at home* (Peirano, 1999). Tal associação definia duplamente o meu posicionamento: por um lado numa irônica (espero) contraposição entre estilos etnográficos, por outro, numa irônica (espero) oposição entre "Itália" e "Brasil".

1. O conceito de posicionalidade implica o reconhecimento de que a posição social, geográfica, histórica e política de um indivíduo molda sua perspectiva, seu conhecimento e sua identidade. [N. E.]

Esta última oposição sustentava minha (auto)identificação na práxis acadêmica: discutir temas e bibliografias brasileiros, participar de eventos e conectar outras pesquisas com o Brasil. Surgia assim uma trajetória "ambígua" que, por um lado, buscava construir uma ponte entre diferentes lugares e, por outro, definia uma "italianidade" e uma "brasilidade" específicas. Essas definições configuravam um modo próprio de incorporar deslocamentos intelectuais e espaciais, expressos na ironia (espero) com que a "classicidade" era mobilizada para estabelecer oposições hierárquicas.

Como pesquisador de uma parcela da população do Brasil e intelectualmente inspirado pelos debates brasileiros, muitas vezes minha posição era associada ao país, criando assim uma interseccionalidade ambígua: "italiano", mas de inspiração e campo brasileiros; "branco", mas de inspiração e campo indígenas; "antropólogo", mas de inspiração e campo "clássicos", entre outras.

Essas três identidades compunham um quadro de oscilações conforme os interesses da estrutura acadêmica. Foi assim, por exemplo, que a ambiguidade brasilianista se revelou determinante na construção do projeto do meu primeiro pós-doutorado, focado na análise comparativa das políticas de gestão da saúde mental entre Itália e Brasil. Nesse projeto convergiram múltiplos interesses da equipe de pesquisa e, pela definição do "campo", minhas viagens anteriores foram mobilizadas para oferecer a rede de contatos necessária à elaboração e à realização da proposta.

Nesse contexto, de forma curiosa, os debates sobre os processos de construção identitária encontrados no meu percurso de estudos não respondiam aos marcadores sociais da diferença que estavam sendo mobilizados. Os interesses acadêmicos em jogo não se orientavam para a constituição de um grupo coerente, mantendo, ao contrário, as "identidades" separadas e aparentemente imóveis, tanto quanto suas hierarquias. Assim, minha figura social ligada aos estudos indígenas definia minha posicionalidade independentemente de eu estar associado a um grupo de pesquisa composto de italianos e focado em outro tema.

Diante desse impasse, depois de um ano de colaboração com o grupo de pesquisa e do convite de uma amiga e colega da Universidade de São Paulo (USP), a professora Dominique Tilkin Gallois, submeti um projeto e consegui uma bolsa de pós-doutorado pela Fundação de Amparo à Pesquisa do Estado de São Paulo (Fapesp). Resolvi, assim, mudar-me para essa megalópole. Uma vez instalado e começando a construção de redes no meio acadêmico da USP, percebi uma interessante inversão. Se na minha experiência acadêmica na Itália minha posicionalidade estava sempre estreitamente associada à pesquisa e aos interesses brasileiros, no ambiente acadêmico no Brasil ela estava estreitamente associada à Itália.

Nas conversas com colegas, docentes e discentes, inúmeras vezes eu era questionado sobre meu interesse pelos povos indígenas e pelo Brasil. A posicionalidade oscilava no sentido de mostrar como a trajetória revelava um movimento contrário de alguém "da Itália", no duplo sentido de "origem" intelectual e identitária. O primeiro aspecto era claro na demanda de uma discussão da antropologia produzida "na" Itália, da qual eu era visto como representante, em contraste com o que acontecia na Itália, onde eu era solicitado a apresentar a antropologia feita no Brasil (tarefa absolutamente árdua, senão impossível, devido à sua riqueza e pluralidade). Por exemplo, em uma disciplina que ministrei na Faculdade de Letras e Ciências Humanas, discentes sugeriram que eu trouxesse para a discussão textos de autores e autoras italianas, pois isso tornaria a disciplina mais original e inovadora.

Concomitantemente, outra identificação era acionada nas relações que eu tecia nesse contexto. Muitas colegas, discentes e amigos que encontrei na capital paulista traziam suas origens italianas em nossas conversas e encontros. Com frequência, eles enfatizavam minha cidadania italiana como um traço identitário marcante para me situar nas redes relacionais. Se às vezes se autoidentificavam como italianos, ao mesmo tempo evidenciavam a distância genealógica que os separava da Itália, em frases comuns como "meus bisavós nasceram na Itália e eu tenho passaporte".

Claramente, uma discussão dessa forma específica de autoidentificação demandaria mais espaço do que nos é permitido aqui, tanto na dimensão demográfica quanto acadêmica (Hutter, 2018; Sansone, 2020). Todavia, vale ressaltar um aspecto relevante para os fins deste texto. Na comparação genealógica e acadêmica, pela primeira vez eu descobria a posicionalidade como marcador de uma colocação específica no âmbito acadêmico. A ênfase em minha "origem", cruzando as dimensões humana e acadêmica, marcava uma nova colocação de sujeito que era identificado e situado em um determinado "lugar de fala" (Ribeiro, 2017).

Nessa direção, surgia uma "identidade" que afetava minha posicionalidade tanto "de nacionalidade" quanto "de fala", sendo as duas inextricáveis. Como aponta Ribeiro (2017), o lugar de fala afeta o reconhecimento das propostas intelectuais de setores marginalizados da sociedade, mas, nesse caso, o processo funcionou como legitimador de minha presença. Pela primeira vez percebi quanto a "identidade" no sentido genealógico influencia a "identidade" no sentido acadêmico. Todas as tradições antropológicas têm especificidades, e o diálogo entre elas enriquece nossa dimensão etnográfica e reflexiva (Restrepo e Escobar, 2005; Ribeiro, 2014).

Todavia, surge a pergunta, já esboçada naquele momento, acerca da "seriedade" com a qual a antropologia italiana era valorizada, numa inversão com minha experiência anterior de "ironia" no tratamento da antropologia brasileira na Itália. Uma inversão parcial, como todas, que permitia observar como o passaporte italiano, com sua carga de imaginários e autoidentificações, fazia que minha proposta intelectual fosse aceita e valorizada. Um exemplo disso foi a realização de um concurso para o cargo de docente na mesma faculdade onde eu atuava. O êxito desse concurso gerou, na época, algumas discussões entre os discentes, que reclamavam da vitória de uma candidata "da escola do Rio" em detrimento de outras "da escola de São Paulo".

Nesse contexto, de forma bastante interessante, alguns discentes mais próximos sugeriram que eu deveria ter me candidatado, pois minha trajetória teria constituído uma vantagem no processo seletivo pela originalidade da proposta antropológica. Pela primeira vez, confrontei-me com uma classificação genealógico-acadêmica que me colocava em um lugar de fala "privilegiado", algo que reencontraria no futuro.

Depois de dois anos e meio na USP, prestei com sucesso um concurso na Universidade Federal do Oeste do Pará (Ufopa), onde comecei a atuar como docente no programa de Antropologia e Arqueologia. Logo no início dessa experiência, ficou evidente a distância entre o lugar onde eu me encontrava e os lugares que anteriormente tinha frequentado. Em Santarém, a presença indígena definia um panorama riquíssimo de multiplicidades epistemológicas (Jácome *et al.*, 2020) e de desafios às estruturas acadêmicas hegemônicas (Pereira e Brasileiro, 2023).

Nessa universidade, os estudantes indígenas ingressam pelo processo de ampla concorrência e pelo processo seletivo especial indígena, e essa dinâmica redesenha tanto o panorama acadêmico quanto suas trajetórias individuais e coletivas (Munzanzu, Barboza e Moura, 2022). Nesse espaço, os discentes indígenas constroem um panorama acadêmico plural no qual a atividade acadêmica se junta à luta por direitos (Cardoso, 2019), definindo assim uma estratégia para repensar a instituição e, ao mesmo tempo, enfrentar o racismo sistêmico e institucional regional (Peixoto, 2017). Quando confrontado com as experiências anteriores na Itália e em São Paulo, esse contexto acadêmico e social plural demandou a necessidade de uma auto e heteroidentificação.

Desde o começo da minha estadia, alunos indígenas e não indígenas demonstraram um significativo interesse em construir relações dialógicas e de parceria. Já nos primeiros meses após minha chegada a Santarém, por exemplo, recebi convites e tive a oportunidade de visitar terras indígenas na região do Baixo Tapajós, onde fomos de barco e onde eles me apresentaram os desafios que enfrentam para garantir seus direitos. Ao mesmo tempo, nos espaços da universidade, construíamos encontros e discussões nos quais os discentes enfatizavam a importância de coletivos capazes de atuar em um esforço plural de produção e circulação compartilhada do conhecimento, um "mutirão" (Soares, 2022).

Em Santarém, também como em São Paulo, tive, em vários momentos, que responder à demanda de introduzir materiais bibliográficos e discussões inéditas nas disciplinas para repensar a hegemonia de autores do Sudeste e ampliar tais referenciais. Todavia, nesse contexto, não me pediam que trouxesse a "Itália", mas um panorama "global" de autores. Em várias oportunidades, introduzimos autoras e autores de outros países que trabalhavam com povos indígenas, assim como autoras e autores indígenas de outras regiões do mundo.

Claramente, essas duas opções não eram exclusivas. Cada uma demandava arranjos distintos e remetia a interesses diferentes. Todavia, para o presente capítulo, outra característica emergiu como relevante. Em São Paulo, o pedido era trazer a antropologia italiana, motivado por uma percepção de continuidade entre os alunos e o contexto local. Minha posição era de "elo" entre ambos, estabelecendo uma fluidez entre três polos. Em Santarém, o pedido tornava a dinâmica diferente, pois eu era reconhecido como "estrangeiro" e, por isso, potencialmente capaz de motivar novas discussões às disciplinas, mas sem que necessariamente houvesse fluidez entre os polos.

Mais uma vez eu descobria outra transformação: de italiano para estrangeiro, um movimento que afetava parcialmente meu ser "de fora", mas alternava de forma abrupta meu posicionamento nos processos de auto e heteroidentificação. Em São Paulo, eu era situado como "parte"; em Santarém, como "parcialidade". Esse movimento ficou claro também durante a "rebelião indígena" (Vaz Filho, 2019) que sacudiu a universidade em 2015. Nesse episódio, alunos do Baixo Tapajós reivindicaram maior espaço de fala, em resposta à percepção de serem marginalizados por parte de alguns docentes em relação a colegas de outros povos indígenas.

Nas suas lutas, eles conseguiram sensibilizar também colegas não indígenas, que os apoiaram e lançaram a *hashtag* "coloniza-me, só que não". Depois de uma dessas reuniões, em que alunos indígenas e não indígenas reivindicavam o reconhecimento de seus direitos, encontrei-me com alguns deles e perguntei se a *hashtag* era direcionada a mim e a outra colega estrangeira. A resposta foi significativa, pois novamente surgiu a especificidade de ser "estrangeiro": não éramos nós o alvo da *hashtag*, estando ela voltada para paulistanos e cariocas. Essa diferenciação me colocava (e a nós) numa posição peculiar — "de fora", como paulistanos e cariocas, mas, segundo os discentes, com a especificidade de não ser brasileiro.

Nessa identificação, o que se sublinhava, pelo menos na minha percepção, era a "distância" em relação aos discentes (quase todos originários da região), em contraste com a "proximidade" que se destacava em São Paulo pela minha origem italiana. Uma distância que repensava o processo de identificação, colocando-me como alienígena, ainda que com possíveis parcerias, mas numa posição diferenciada em relação aos demais.

Observei o mesmo processo alguns anos mais tarde. Depois de deixar a Ufopa e passar dois anos em universidades da Europa e da África, fui selecionado para o cargo de professor visitante no Programa de Pós-graduação em Antropologia da Universidade Federal da Bahia (Ufba). Essa foi a primeira vez em que atuei por um período relativamente prolongado numa instituição do Nordeste do Brasil, depois dos períodos mencionados no Sudeste e no Norte. Já desde o início da minha estadia, participei de diferentes debates organizados tanto pelo programa quanto por outros grupos, institucionais ou informais, para me aproximar das discussões promovidas nesse contexto.

Em um dos primeiros eventos, fiquei felizmente surpreso ao constatar o forte compromisso político dos alunos. A tríade ensino-pesquisa-extensão, que marca a ação universitária no Brasil, assumia, em Salvador, uma dimensão inesperada, com atenção especial ao engajamento ativo das diferentes comunidades da cidade e do Estado. Assim, depois da apresentação dos trabalhos, começamos um diálogo com discentes que desenvolviam pesquisa-ação com comunidades periféricas da cidade soteropolitana.

A descrição da violência estrutural, sistêmica e institucional vivenciada pelas comunidades nos permitiu iniciar um diálogo sobre a influência das estruturas de poder nas experiências do cotidiano urbano e da universidade. Mesmo que o tema seja debatido amplamente — ainda que de forma insuficiente — por diferentes autoras e autores (por exemplo, Gomes, 2009; Cardoso, 2022), essa associação explícita me permitiu entender melhor os desafios que os discentes enfrentam, forçando uma nova reflexão sobre a política identitária no meu caso específico.

Em diferentes oportunidades, o clima no programa era marcado por demandas de implementação de estratégias e políticas mais inclusivas — movimento, de alguma forma, similar ao que eu tinha conhecido e vivenciado em Santarém. Em Salvador, todavia, o discurso assumia uma conotação marcada pela forte oposição "branco" *versus* "negro", marcador da insurgência de propostas políticas e epistemológicas próprias desses discentes, que desafiavam e continuam desafiando as práticas acadêmicas hegemônicas.

Às vezes o grupo de WhatsApp do programa era agitado por relatos de injustiças raciais dentro e fora da academia. Em outras, essas injustiças eram compartilhadas em conversas coletivas ou privadas, e evidenciavam o desconforto diante da insegurança vivida por alguns estudantes — pois, apesar da política de cotas lhes permitir o acesso, muitos deles enfrentam dificuldades práticas que a burocracia e a práxis acadêmica transformam em empecilhos, demandando esforços de resistência e emancipação, compartilhados entre as diferentes faculdades da Universidade (Peixoto *et al.* 2016; Rodrigues, 2022). Em todos esses casos, o que me era apresentado era a vivência de resistência dos afro-brasileiros, descrita por diferentes autores (Munanga, 1990; Conrado, 2021) e corporificada pelos estudantes em suas batalhas.

Minha presença como "estrangeiro" era novamente vista como algo marcante: uma "distância" que, todavia, suscitava interesse pelo fato de eu ter tido a possibilidade de conhecer universidades na África, no Gâmbia e, assim, poder levar às discussões elementos originais. De forma interessante, também em Salvador, quando comecei a ministrar disciplinas optativas, os estudantes demandavam explicitamente temas, mas aqui organizamos uma estratégia diferente e bem mais inclusiva.

Antes do início das disciplinas, marcávamos uma reunião coletiva para definir os temas e as obras a ser discutidas no semestre, que em geral gerava a demanda de autoras e autores africanos. Se, por um lado, esse exercício gerava um esforço de busca, estudo e tradução, por outro, permitia-nos discutir a importância de definir um panorama global de debates, com temas caros aos alunos, como políticas raciais, racismos e interseccionalidades, entre outros. Nesse processo, assim como em Santarém, minha identidade de estrangeiro era percebida como fonte de possível inovação nas discussões e, de novo, de forma não fluida, mas opositiva.

Essa "oposição", porém, não se caracterizava por uma confrontação, mas pela busca de possíveis contribuições recíprocas, como ficou drasticamente claro com a eclosão da pandemia de covid-19. Nesse momento, quando tantos alunos enfrentavam dificuldades sociais, econômicas, acadêmicas e familiares, vários pedidos para organizar momentos dialógicos e encontros virtuais me foram encaminhados.

Esses foram momentos nos quais tivemos a oportunidade de refletir juntos sobre as dificuldades de prosseguir na realização de um mestrado ou doutorado, tanto no aspecto metodológico quanto no pessoal (Bollettin, Sanabria e Tavares, 2020). Por outro lado, também repensamos a atuação acadêmica, pluralizando experiências e vozes, algo que tínhamos realizado anteriormente (Bollettin e Tromboni, 2021), mas assumia novas possibilidades no contexto de "isolamento".

Um exemplo dessas propostas foi o grupo de estudos em Antropologia Ambiental, em que, por meio das sugestões de alunos participantes do movimento negro em Salvador, passamos a convidar representantes das comunidades para discutir conosco os impactos do racismo ambiental em suas experiências. Em outro caso, transformamos a disciplina de Antropologia da Ciência numa discussão sobre a covid e como ela influenciava as ciências e as políticas, o que resultou em uma publicação coletiva (Bollettin, 2021). Dessa forma, a experiência epidêmica funcionou como poderoso detonador para repensar as modalidades de relação entre sujeitos diferentes, dentro e fora da academia.

Essa mesma experiência também expôs dramaticamente as diferentes situações vivenciadas por mim e por alguns discentes: entre quem tinha acesso a internet rápida e estável e quem não; entre quem podia ficar em casa e quem não — e outras injustiças. Essas vivências, acadêmicas e sociais, foram delineando minha nova posicionalidade identitária, diferente daquela vivida na Itália, em São Paulo ou em Santarém. Em Salvador, descobri outra: a branquitude.

O que se traz das viagens

A descoberta da branquitude, descrita rapidamente aqui, constitui um exemplo de processo de auto e heteroidentificação, ao longo de uma trajetória que perpassou tempos e lugares distintos, ao mesmo tempo próximos e distantes, similares e diferentes. Dois fatores me parecem marcantes nesses processos: por um lado, a relevância da autoconsciência da posicionalidade; por outro, o imperativo de como agir diante dessa autoconsciência. Para alguém treinado nas discussões antropológicas na Europa, pelo menos quando eu era estudante (Njegosh e Corossacz, 2023), os temas relacionados à branquitude e a seus privilégios eram marginais, se e quando presentes.

A vivência em diferentes instituições acadêmicas no Brasil, nesse movimento de idas e vindas, permitiu-me situar (e ser situado) em diferentes posições e com diferentes identificações. Se, em todas essas experiências, o marcador identitário era meu ser estrangeiro e europeu, essas condições eram declinadas de formas diversas. Em São Paulo, como italiano de passaporte e nascimento diante de colegas e alunos de descendência italiana. Em Santarém, como não indígena diante de discentes indígenas e como estrangeiro em comparação a colegas do Sudeste. Em Salvador, como branco diante de estudantes negros e como estrangeiro em comparação a colegas do Sudeste. Claramente, essas classificações não esgotam processos muito mais dinâmicos e complexos, pois a interseccionalidade identitária envolve inúmeros outros aspectos, como classe, gênero, e idade. Todavia, é importante ressaltar a fluidez desses marcadores identitários.

A pluralidade da branquitude não é uma novidade, e vários trabalhos têm se debruçado sobre o tema, enfatizando como essa condição passa por um duplo processo de experiência corporificada e simbólica (Hunter e Westhuizen, 2022). Como corporificação, a branquitude afeta o posicionamento do sujeito em relação à sua compreensão de mundo. Enfrentar criticamente os processos afetivos e efetivos de sua constituição pode permitir uma recorporificação do próprio fazer antropológico enquanto momento de encontro (Csordas, 1990). Nessa direção, torna-se útil pensar as trajetórias individuais como momentos de emergência das políticas identitárias, raciais e étnicas na universidade e na antropologia (Harrison, 1998), que afetam a produção da branquitude e se mostram cruciais para entender as posições de privilégio na academia.

Nos momentos aqui descritos, escolhidos entre outros possíveis, emergem alguns traços desses processos. Se, por um lado, a descoberta da branquitude acontece depois de um percurso de emergência de múltiplas identidades (exótico, italiano, estrangeiro, branco), por outro, essas posições foram acompanhadas por um distanciamento das controvérsias. Como "exótico", eu não estava envolvido nas competições entre os colegas de doutorado pela visibilidade, que supostamente garantiria maiores chances de sucesso em futuras posições acadêmicas. Como "italiano", não era implicado na disputa entre paulistanos e cariocas nas diatribes pela seleção de professores, pois a liminaridade da minha posição me colocava à margem. Enquanto "não indígena estrangeiro", não participava das lutas de estudantes indígenas e não indígenas por uma universidade mais plural e inclusiva, pois eu mais uma vez ocupava uma posição externa aos processos de colonialidade interna do Brasil apontados como causas. Como "branco estrangeiro", não era identificado como ocupante dos espaços acadêmicos majoritariamente brancos em uma cidade majoritariamente negra, por tratar-se de uma posição temporária e por experiências prévias singulares.

Afinal, em cada uma dessas posições que confluíram para a emergência de uma branquitude específica e singular, eu me via colocado em um limbo de privilégio. Essa posição de privilégio define a colocação individual e as redes de relações, de modo que o engajamento com os discentes me permite repensar as formas do fazer antropológico na direção de uma "antropologia da supremacia branca" e uma "antropologia como supremacia branca" (Jesús e Pierre, 2020).

Na primeira acepção, precisamos nos interrogar sobre quais são os privilégios simbólicos e materiais da branquitude (Müller e Cardoso, 2017). Isso se torna evidente, na trajetória descrita aqui, pela possibilidade de propor discussões percebidas como "originais" nos pedidos dos alunos. Na segunda acepção, trata-se de repensar conteúdos e formas da antropologia como prática acadêmica, dando seguimento aos pedidos dos estudantes indígenas de Santarém e dos discentes negros de Salvador, assim como de outros inúmeros lugares, para uma academia mais inclusiva e plural, mobilizando o privilégio associado à branquitude.

Dito de outra forma, faz-se necessária uma reflexão crítica sobre como os processos de ensino-aprendizagem reproduzem uma antropologia branca hegemônica (Brodkin, Morgen e Hutchinson, 2011). Nessa direção, ao repensar a antropologia como "espaço branco", é importante multiplicar as vozes presentes fisicamente nos espaços acadêmicos e teoricamente nas epistemologias, criando contranarrativas sobre a disciplina (Joseph-Salisbury, 2019).

Para ilustrar esse processo, um último momento da trajetória aqui descrita pode ser esclarecedor. Depois de terminar minha estadia em Salvador como professor visitante, fui selecionado em um concurso na República Tcheca, no Departamento de Antropologia da Universidade Masaryk, onde atuo até hoje.

Na época pós-soviética, o tema da "identidade" surgiu estreitamente ligado ao do nacionalismo em toda a Europa Central, determinando um movimento conservador de marginalização e segregação da comunidade cigana, que representa cerca de 10% da população nacional, mas permanece em absoluta invisibilidade política e acadêmica, assim como as comunidades de recente imigração (Imre, 2017; Kalmar, 2022). Esse movimento está baseado em uma ideia crucial de "branquitude" como construção identitária tornada visível pela oposição com os "outros" (Kašparova, 2017).

Assim, o que trazer das idas e vindas ao Brasil para esse contexto e de que forma tornar essa branquitude "crítica" (Cardoso, 2010)? Por meio dos ensinamentos dos alunos e colegas do Brasil, veio a sugestão de repensar o fazer antropológico como momento de encontro e desafio a ser praticado dentro e fora da sala de aula. Na sala de aula, a inclusão de obras de autoras e autores indígenas e negros permite contextualizar a branquitude acadêmica local, na direção de uma indigenização (Correa, 2018) ou contracolonização (Santos, 2019) desses espaços. Fora dela, isso significa organizar exposições fotoetnográficas de autores negros[2] ou construir trabalhos coletivos inspirados pela proposta karipuna de conhecimento como mutirão (Soares, 2022).

Todavia, é importante nos interrogar sobre o que torna esse processo possível, efetivo e afetivo. Por um lado, é importante retomar a trajetória aqui descrita: de "exótico" a "italiano", para "não indígena estrangeiro" e, enfim, "branco estrangeiro". O movimento final deste capítulo retorna, assim, ao "exótico", mas a outro "exótico", marcado por múltiplas auto e heteroidentificações. Curiosamente, em diferentes oportunidades, conversando com os discentes e colegas em Brno, e estimulado pelas discussões na sala de aula ou de forma espontânea, e novamente em tom (espero) irônico, surgiu a conversa sobre minha posicionalidade "exótica". Um exotismo conectado a uma "latinidade" associada a uma branquitude distinta e explicitado em expressões como: "Você está ficando mais branco aqui pelo frio" ou "na Itália vocês têm mais sol e são mais extrovertidos".

Finalmente "branco" em um mundo de "mais brancos", o "exótico" explode em "italiano", "indigenista", "latino" e assim por diante. Claramente, essa posicionalidade é, ela mesma, resultado de uma situação privilegiada de docência que possibilita a "ação". Todavia, esse reconhecimento deve ser também estímulo para outro movimento: enfrentar a branquitude de forma crítica e reflexiva não é suficiente para aniquilar as estruturas de exclusão e marginalização que atuam nas universidades, mas é um passo na direção de desafiar paradigmas irrefletidos, como o da ausência de identidades brancas.

Tal exercício pode permitir situar os discentes de uma universidade "branca" em uma pluralidade de tonalidades de branquitude, para assim reconhecer a relatividade do branco e seus privilégios. Constitui um exercício antropológico de descoberta de si mesmo e de abertura ao outro, para redefinir as estruturas de diferenciação e marginalização. Além do exercício intelectual de descoberta, trata-se de estimular novas formas de vivenciar a pluralidade, reconhecendo posicionamentos e sugestões. Trata-se, assim, de seguir o que o Marco Polo de Italo Calvino ensina ao Kan ao descrever o viajante, que

2. No site da Masaryk University encontramos um exemplo desse tipo de exposição: https://anthro.sci.muni.cz/vystavy/ruas_santos_axe. Acesso em: 5 fev. 2025.

"riconosce il poco che è il suo, scoprendo il molto che non ha avuto e non avrà"[3] (1972, p. 13).

Referências

ANDERSON, Benedict. *Imagined communities — Reflections on the origin and spread of nationalism*. Londres: Verso, 1983.

BANIWA, Gersem. "'Intelectuais indígenas abraçam a antropologia. Ela ainda será a mesma?' Um debate necessário". *Anuário Antropológico*, v. 28, n. 1, p. 45-52, 2023. https://doi.org/10.4000/aa.10496.

BARTH, Fredrik. *Ethnic groups and boundaries — The social organization of culture difference*. Bergen: Universitetsforlaget, 1969.

BELL, Joyce. M.; HARTMANN, Douglas. "Diversity in everyday discourse — The cultural ambiguities and consequences of 'happy talk'". *American Sociological Review*, [*s. l.*], v. 72, n. 6, p. 894-914, 2007. https://doi.org/10.1177/000312240707200603.

BOLLETTIN, Paride (org.). *Antropologias, ciências e covid*. Pádova: Cleup, 2021.

______. "El protagonismo indígena en la antropología contemporánea". *Universidad Verdad*, v. 1, n. 82, p. 30-43, 2023. https://doi.org/10.33324/uv.v1i82.639.

BOLLETTIN, Paride; SANABRIA, Guillermo Vega; TAVARES, Fatima Regina Gomes (orgs.). *Etnografando na pandemia*. Pádova: Cleup, 2020.

BOLLETTIN, Paride; TROMBONI, Marco. "Anthropology and museums — Notes from a course". *Teaching and Learning Anthropology*, [*s. l.*], v. 4, n. 2, p. 27-48, 2021. https://doi.org/10.5070/T30048890.

BOURDIEU, Pierre. "L'illusion biographique". *Actes de la Recherche en Sciences Sociales* [*s. l.*], v. 62/63, p. 69-72, 1986. https://doi.org/10.3406/arss.1986.2317.

BRODKIN, Karen; MORGEN, Sandra; HUTCHINSON, Janis Faye. "Anthropology as white public space". *American Anthropologist* [*s. l.*], v. 113, p. 545-556, 2011. https://doi.org/10.1111/j.1548-1433.2011.01368.x.

CALVINO, Italo. *Le città invisibili*. Turim: Einaudi, 1972.

3. "Reconhece o pouco que é seu descobrindo o muito que não teve nem terá".

CARDOSO, Lourenço. "Branquitude acrítica e crítica — A supremacia racial e o branco antirracista". *Revista Latinoamericana de Ciencias Sociales, Niñez y Juventud*, v. 8, n. 1, p. 607-630, 2010.

______. "A branquitude acadêmica, a invisibilização da produção científica negra, a autoproteção branca, o pesquisador branco e o objetivo-fim". *Educação*, Santa Maria, v. 47, n. 1, p. 1-24, 2022. https://doi.org/10.5902/1984644462742.

CARDOSO, Luana da Silva. "Memorial de uma liderança indígena — A construção política da trajetória... Driblando as armadilhas da colonização". *Tellus*, v. 19, n. 39, p. 293-307, 2019. http://dx.doi.org/10.20435/tellus.v19i39.634.

CIRESE, Alberto Maria (org.). *Folklore e antropologia tra storicismo e marxismo*. Palermo: Palumbo, 1972.

CONNERTON, Paul. *Como as sociedades recordam*. Oeiras: Celta, 1999.

CONRADO, Mônica. "Territórios da negritude em espaços acadêmicos: uma 'possível' via interpretativa?" *Novos Debates*, c. 7, n. 2, e7217, 2021. https://doi.org/10.48006/2358-0097-7217.

CORREA, Célia Nunes. *O barro, o genipapo e o giz no fazer epistemológico de autoria xakriabá — Reativação da memória por uma educação territorializada*. Dissertação (mestrado em Desenvolvimento Sustentável) — Universidade de Brasília, 2018.

CRAVEN, Christa. "Teaching antiracist citational politics as a project of transformation — Lessons from the Cite Black Women Movement for white feminist anthropologists". *Feminist Anthropology*, [*s. l.*], v. 2, n. 1, p. 120-129, 2021. https://doi.org/10.1002/fea2.12036.

CSORDAS, Thomas. "Embodiment as a paradigm for anthropology". *Ethos*, v. 18, p. 5-47, 1990. https://doi.org/10.1525/eth.1990.18.1.02a00010.

DIALLO, Oda-Kange Midtvåge; FRIBORG, Nico Miskow. "Subverting the white cis gaze — Toward a pedagogy of discomfort, accountability and care in the anthropology classroom". *Teaching Anthropology*, v. 10, n. 4, p. 17-35, 2021. https://doi.org/10.22582/ta.v10i4.622.

DURAND, Gilbert. *As estruturas antropológicas do imaginário*. São Paulo: Martins Fontes, 2001.

GOMES, Nilma. "Intelectuais negros e produção do conhecimento — Reflexões sobre a realidade brasileira". *In:* SANTOS, Boaventura de Sousa; MENEZES, Maria Paula (org.). *Epistemologias do Sul*. Coimbra: Almedina, 2009, p 419-441.

HARRISON, Faye. "Introduction — Expanding the discourse on 'race'". *American Anthropologist,* v. 100, n. 3, p. 609-631, 1998. https://doi.org/10.1525/aa.1998.100.3.609.

HOOKS, Bell. *Ensinando a transgredir — A educação como prática da liberdade.* São Paulo: Martins Fontes, 2013.

HUNTER, Shona; WESTHUIZEN, Christi van der. "Viral whiteness — 21st century global colonialities" *In:* HUNTER, Shona; WESTHUIZEN, Christi van der. (orgs.). *Routledge handbook of critical studies in whiteness.* Londres: Routledge, 2022.

HUTTER, Lucy Maffei. *Imigração italiana em São Paulo (1880-1889, 1902-1914).* São Paulo: Hucitec, 2018.

IMRE, Anikó. "Whiteness in post-socialist Eastern Europe — The time of the gypsies, the end of race". *In:* Nayar, Pramod (org.). *Postcolonial studies — An anthology.* Nova Jersey: Wiley-Blackwell. p. 297-314, 2017.

JÁCOME, Camila *et al.* "Pluralidade dos acervos epistêmicos na Amazônia — História, gestão e desafios do Laboratório de Arqueologia Curt Nimuendajú (Ufopa)". *Revista de Arqueologia,* v. 33, n. 3, p. 306-329, 2020. https://doi.org/10.24885/sab.v33i3.843.

JESÚS, Aisha; PIERRE, Jemima. "Special section — Anthropology of white supremacy". *American Anthropologist,* v. 122, n. 1, p. 65-75, 2020. http://dx.doi.org/10.1111/aman.13351.

JOSEPH-SALISBURY, Remi. "Institutionalised whiteness, racial microaggressions and black bodies out of place in Higher Education". *Whiteness and Education,* v. 4, n. 1, p. 1-17, 2019. https://doi.org/10.1080/23793406.2019.1620629.

KALMAR, Ivan. *White but not quite — Central Europe's illiberal revolt.* Bristol: Bristol University Press, 2022.

KAŠPAROVA, Irena. "Skin colour symbolism in multi-ethnic societies — A comparison of the Sri Lankan and Czech Republic experiences of whiteness craze". *Avenues — Papers on Peace, Reconciliation and Development Challenges: Proceedings of the 2nd International Conference on Humanities and Social Sciences,* p. 67-79, 2017.

KILOMBA, Grada. *Memórias da plantação — Episódios de racismo cotidiano.* Rio de Janeiro: Cobogó, 2019.

LEONARD, Wesley Y. "Toward an anti-racist linguistic anthropology — An indigenous response to white supremacy. *Linguistic Anthropology,* v. 31, n. 2, p. 218--237, 2021. https://doi.org/10.1111/jola.12319.

LÉVI-STRAUSS, Claude. *Tristes tropiques*. Paris: Plon, 1955.

MOHANTY, Chandra Talpade. *Feminism without borders — Decolonising theory, practicing solidarity*. Durham: Duke University Press, 2003.

MÜLLER, Tânia; CARDOSO, Lourenço (orgs.). *Branquitude — Estudos sobre a identidade branca no Brasil*. Curitiba: Appris, 2017.

MUNANGA, Kabengele. "Negritude afro-brasileira — Perspectivas e dificuldades". *Revista de Antropologia*, v. 33, p. 109-117, 1990. https://doi.org/10.11606/2179-0892.ra.1990.111217.

MUNZANZU, Carla Ramos; BARBOZA, Myrian Sá Leitão; Moura, Beatriz Martins. "Políticas afirmativas para os povos indígenas — Universidade pública como território em processo de demarcação e retomada". *Mana*, v. 28, n. 33, p. 1-38, 2022. http://doi.org/10.1590/1678-49442022v28n3a0407.

NJEGOSH, Tatiana Petrovich; COROSSACZ, Valeria Ribeiro. "Introduzione — Saperi e pratiche decoloniali". *From the European South*, v. 12, p. 4-21, 2023.

PEIRANO, Marisa. "A alteridade em contexto — A antropologia como ciência social no Brasil". *Série Antropológica*, Brasília, n.255, 1999.

PEIXOTO, Adriano de Lemos Alves *et al.* "Cotas e desempenho acadêmico na UFBA — Um estudo a partir dos coeficientes de rendimento". *Avaliação*, v. 21, p. 569-592, 2016. http://dx.doi.org/10.1590/S1414-40772016000200013.

PEIXOTO, Kércia P. Figueiredo. "Racismo contra indígenas — Reconhecer é combater". *Revista Anthropológicas*, v. 28, n. 2, p. 27-56, 2017. https://doi.org/10.51359/2525-5223.2017.25363.

PEREIRA, Terezinha do S. Lira; Brasileiro, Tania S. Azevedo. "As epistemologias indígenas no ensino superior à luz da realidade da Ufopa". *Revista Ensino de Ciências e Humanidades*, v. VII, n. 2, p. 172-191, 2023.

SOARES, Ana Manoela P. dos Santos. "A autoria coletiva e a autoetnografia — Experiências em antropologia com as parentas karipuna do Amapá". *Boletim do Museu Paraense Emílio Goeldi. Ciências Humanas*, v. 17, n. 2, 2022. https://doi.org/10.1590/2178-2547-BGOELDI-2021-0026.

RESTREPO, Eduardo; ESCOBAR, Arturo. "Other anthropologies and anthropology otherwise". *Critique of Anthropology*, v. 25, n. 2, p. 99-129, 2005. https://doi.org/10.1177/0308275X05053009.

RIBEIRO, Djamila. *O que é lugar de fala?* Belo Horizonte: Letramento, 2017.

RIBEIRO, Gustavo Lins. "World anthropologies — Anthropological cosmopolitanisms and cosmopolitics". *Annual Review of Anthropology*, v. 43, p. 483-498, 2014. https://doi.org/10.1146/annurev-anthro-102313-030139.

RICOEUR, Paul. *A memória, a história, o esquecimento*. Campinas: Ed. da Unicamp, 2007.

RODRIGUES, Gabriela M. Bacelar. "Incorporando a mestiçagem — A fraude branca nas comissões de heteroidentificação racial". *Horizontes Antropológicos*, v. 28, n. 63, p. 307-331, 2022. https://doi.org/10.1590/S0104-71832022000200011.

SANABRIA, Guillermo Vega. 2015. A antropologia historicizada ou os índios de Fenimore Cooper — Clássicos e história no ensino de antropologia no Brasil". *Mana*, v. 21, n. 3, p. 609-639, 2015. http://dx.doi.org/10.1590/0104-93132015v21n3p609.

SANSONE, Livio. "Hiperbólicos italianos — As viagens dos integrantes da Escola Positiva de Antropologia da Itália pela América meridional, 1907-1910". *História, Ciências, Saúde-Manguinhos*, v. 27, n. 1, p. 265-274, 2020. https://doi.org/10.1590/S0104-59702020000100015.

SANTOS, Antonio Bispo dos. *Colonização, quilombos — Modos e significações*. Brasília: Ayó, 2019.

VAZ FILHO, Florencio. "A rebelião indígena na Ufopa e os desafios da interculturalidade no ensino superior". *Novos Olhares Sociais*, v. 2, n. 1, p. 79-98, 2019.

Os autores

Cintia Cardoso
Doutora em Educação pela Universidade Federal do Paraná (UFPR), desenvolve pesquisas no campo da branquitude e educação, sociologia da infância e raça. É membro da Associação Brasileira de Pesquisadores Negros (ABPN), professora na Secretaria Municipal de Educação de Florianópolis e autora do livro *Branquitude na educação infantil* (2021).

Franciéle Carneiro Garcês-da-Silva
Bibliotecária negra, é professora adjunta no Departamento Acadêmico de Ciência da Informação da Universidade Federal de Rondônia (Unir), professora colaboradora do Programa de Pós-Graduação em Gestão da Informação da Universidade do Estado de Santa Catarina (PPGInfo-Udesc) e coordenadora do Grupo de Trabalho (GT) Relações Étnico-Raciais e Decolonialidades na Federação Brasileira de Associações de Bibliotecários, Cientistas de Informação e Instituições (Febab). É idealizadora e gestora do Quilombo Intelectual, coordenadora do Selo Nyota e editora-chefe da Editora da Universidade Federal de Rondônia (Edufro-Unir). É autora do livro *Biblioteconomia negra: das epistemologias negro-africanas à teoria crítica racial* (2023).

Julie Lourau
Doutora em Antropologia Social e Etnologia pela École des Hautes Études em Sciences Sociales, da França, é professora no Programa de Pós-Graduação de Políticas Sociais e Cidadania na Universidade Católica do Salvador (UCSal) e líder do grupo de pesquisa Antropologia, Fronteiras, Espaços e Cidadania (Afec-UCSal/CNPq). Atua como pesquisadora convidada no Laboratoire des Sciences Sociales du Politique, do Sciences Politique Toulouse, da Université Toulouse 1 Capitole, e como consultora do Institut de Formation, Recherche, Animation, Sanitaire et Social, ambos em Toulouse, na França. Sua área de interesse é o campo interdisciplinar das relações étnico-raciais, com estudos e pesquisas sobre comércio de rua, festas, direitos culturais, periferias, juventudes, ativismo cultural, racismo, antirracismo, epistemologias críticas e decoloniais.

Lia Vainer Schucman
Doutora em Psicologia Social pela Universidade de São Paulo (USP), com estágio de doutoramento na University of California Consortium for New Racial Studies (UCCNRS). É professora do Departamento de Psicologia da Universidade Federal de Santa Catarina (UFSC) e atua nas áreas de psicologia e relações étnico-raciais. É autora dos livros *Entre o encardido, o branco e o branquíssimo: branquitude, hierarquia e poder na cidade de São Paulo* (2020), *Famílias inter-raciais: tensões entre cor e amor* (2023) e organizadora do livro *Branquitude: diálogos sobre racismo e antirracismo* (2023).

Lourenço Cardoso
Professor do Instituto de Humanidades na Universidade da Integração Internacional da Lusofonia Afro-Brasileira (IH-Unilab). Doutor em Ciências Sociais pela Universidade Estadual Paulista (Unesp - Araraquara), mestre em Sociologia pelo Centro de Estudos Sociais da Universidade de Coimbra (CES-UC) e graduado em História pela Pontifícia Universidade Católica de São Paulo (PUC-SP). É coordenador do Grupo de Pesquisa e de Extensão Leituras de Rua e autor do livro *O branco ante a rebeldia do desejo: Um estudo sobre o pesquisador branco que possui o negro como objeto científico tradicional. A branquitude acadêmica: volume 2* (2020).

Lucy Valerie Graham
Professora associada do Departamento de Inglês da Universidade de Joanesburgo. É doutora em Literatura Inglesa pela Universidade de Oxford, mestre e bacharel em Artes, graduada com honras, pela Universidade de Rhodes. Sua primeira monografia, *State of peril: race and rape in South African literature*, foi publicada em 2012 pela Oxford University Press. É coeditora do *Bloomsbury Handbook to J. M. Coetzee* (2023). Suas áreas de interesse incluem literatura e cultura sul-africana, africana e pós-colonial, e interseccionalidade e decolonialidade.

Marcus Vinicius de Freitas Rosa
Doutor pela Universidade Estadual de Campinas (Unicamp) e professor do Departamento de História e do Programa de Pós-Graduação em História da Universidade Federal do Rio Grande do Sul (UFRGS). É professor visitante na

Universidade do Estado do Arizona (ASU) e desenvolve pesquisas que dialogam tanto com os *Critical Whiteness Studies* nos Estados Unidos quanto com os estudos da branquitude no Brasil.

Maria Isabel Donnabella Orrico
Graduada em Pedagogia pela Universidade Estadual de Campinas (Unicamp), é especialista em Psicopedagogia e Neuropsicopedagogia. É mestre e doutora em Educação pelo Programa de Pós-Graduação da Faculdade de Educação da Unicamp. Fundou e coordenou o Grupo Livre de Estudos Pensando Branquitude (GLEPeB). Suas produções e pesquisas têm ênfase em temas, como: branquitude, relações étnico-raciais, racismo na educação, vulnerabilidade e exclusão social, afetividade, leitura e escrita e transtornos de aprendizagem.

Paride Bollettin
Doutor em Antropologia pela Università degli Studi di Siena, colabora, desde 2005, com o povo mebengokré na Amazônia brasileira. É professor do Departamento de Antropologia da Faculdade de Ciências da Universidade Masaryk, na República Tcheca, professor do Programa de Pós-Graduação em Ciências Sociais da Universidade Estadual Paulista (Unesp) e diretor científico do Museu Etnográfico do Centro Studi Americanistici "Circolo Amerindiano", na Itália. Ao longo da carreira, atuou como pesquisador e professor em universidades do Brasil, Europa e África. Suas áreas de interesse são etnologia indígena, antropologia visual, antropologia da cultura material e antropologia ambiental.

Willamys da Costa Melo
Mestre e doutorando em Psicologia pela Universidade Federal de Santa Catarina (UFSC), é colaborador do Núcleo de Pesquisa em Práticas Sociais, Estética e Política (Nupra-UFSC). Atua na área de psicologia social, com interesse, principalmente, nos seguintes temas: estudos críticos da branquitude, supremacia branca e teoria crítica da raça.